Friedrich Grimm

# Die besten Einfamilienhäuser aus Holz

Deutschland – Österreich – Schweiz

Friedrich Grimm

# DIE BESTEN
# EINFAMILIEN
# HÄUSER
# AUS HOLZ

Deutschland – Österreich – Schweiz

CALLWEY

# Inhalt

# Bauen mit Holz

Ein möglichst großer Dachüberstand bietet den besten konstruktiven Holzschutz. (Projekt S. 26)

Am Anfang des Bauens stehen das Material und eine aus seinen Eigenschaften sowie den Möglichkeiten seiner Bearbeitung resultierende Strukturform. Holz, Stein und in geringem Umfang Metalle sind diejenigen Materialien, die im Wesentlichen von der Antike bis ins 19. Jahrhundert für die Zwecke der Architektur verwendet wurden. Ob das Bauen mit Holz oder Stein die Formen der Architektur geprägt hat, bleibt eine spannende Frage. In den zehn Büchern des Vitruv über die Architektur begründet das Material als „Firmitas" die Festigkeit eines Bauwerks, bestimmt als „Utilitas" seinen Gebrauchswert und bildet damit die Voraussetzung für „Venustas", die Ästhetik, als dritte und höchste Eigenschaft, die Vitruv der Architektur abverlangt.

Zu Beginn des 19. Jahrhunderts ging Hegel in seinen berühmten Berliner Vorlesungen „Über die Ästhetik" den Ursprüngen des Bauens nach und erkannte zunächst in einer schützenden Hülle den Zweck der Architektur. Ausgehend von tragenden Außenwänden aus Stein, die er für dienlich und sicher hält, stellte er fest, dass der Steinbau nur scheinbar zweckmäßiger ist: „Eine Wand aber lässt sich ebenso gut auch aus nebeneinanderstehenden Pfosten errichten, auf denen sodann Balken ruhen, welche zugleich die senkrechten Pfosten, von denen sie gestützt und getragen werden, verbinden und festigen." In der Form des antiken Tempels erkannte Hegel den hölzernen Vorläufer: „In dem Tempelhause ist nun außerdem die Umschließung nicht der Hauptpunkt, auf welchen es ankommt, sondern das Tragen und Getragenwerden. Für dieses mechanische Verhalten erweist sich der Holzbau als das Nächste und Naturgemäßeste. Denn der Pfosten als das Tragende, das zugleich einer Verbindung bedarf und diese als den Querbalken auf sich lasten lässt, macht hier die Grundbestimmungen aus. Das Insichgeteiltsein und Verbinden sowie die zweckmäßige Zusammenfügung dieser Seiten gehört aber wesentlich dem Holzbau an, der unmittelbar im Baume das nötige Material dazu vorfindet."

Im Unterschied zum Stein kann Holz sowohl Zug- als auch Druckkräfte aufnehmen und eignet sich deshalb gut zur Herstellung biegebeanspruchter Bauteile wie den Balken. „Der Stein dagegen hat von Hause aus keine so fest bestimmte Gestalt, sondern ist mit dem Baum verglichen eine formlose Masse, die erst, zweckmäßig vereinzelt, bearbeitet sein muss, um nebeneinander- und aufeinandergebracht und wieder zusammengefügt werden zu können. Er fordert mehrfache Operationen, ehe er die Gestaltung und Brauchbarkeit erhält, welche das Holz schon an und für sich hat", so Hegel über den wesentlichen Unterschied zwischen Holz- und Stahlbau.

Als ein Protagonist des deutschen Idealismus stand Hegel am Anfang eines Jahrhunderts, in dem die industrielle Revolution die materiellen Voraussetzungen für das Bauen grundlegend erweitert hat. Zu Stein und Holz traten Stahl und Beton. Das Bauen mit tragenden Wänden als vorherrschendes Prinzip wurde ergänzt durch den Skelettbau, in dem industrielle Fertigungsmethoden den Bauprozess revolutionieren. Anfang des 19. Jahrhunderts entwickelt sich in den USA der Holzrahmenbau als Weiterentwicklung traditioneller Fachwerkbauweisen europäischer Einwanderer. Der sogenannte „Balloon Frame" geht auf englische Fachwerktypologien mit ihren eng stehenden Ständerfachwerken, die über eine Geschosshöhe ohne Querriegel durchlaufen, zurück. Bis heute sind die Kantholzquerschnitte 2 x 4 Zoll und 2 x 6 Zoll in Nordamerika das Standardmaß im Holzrahmenbau. Anfänglich ersetzten diagonale Brettschalungen die aussteifende Fachwerkstrebe. Mit der Entwicklung und Verarbeitung von Holzwerkstoffplatten als flächige Beplankung Anfang des 20. Jahrhunderts waren alle Voraussetzungen für die moderne Holzrahmenbauweise gegeben.

Den Schritt von der Bauweise zum System verfolgten die Architekten Konrad Wachsmann und Walter Gropius in den vierziger Jahren mit ihrem sogenannten „General Panel System", das man auch als typisierte Großtafelbauweise bezeichnen könnte. Für die Massenproduktion von Holzhäusern gedacht, wurde eigens eine Fabrik aufgebaut, die mit spezialisierten Maschinen die Paneele herstellte. Diese Großtafeln konnten mit einer standardisierten Verbindungstechnik untereinander zu Wänden, Decken und Böden verbunden werden. In seinem 1954 erschienen Buch „Wendepunkt im Bauen" schreibt Konrad Wachsmann: „Das Prinzip der Industrialisierung erfordert die Verlegung der Produktionsstätte von der Baustelle oder dem Werkplatz in die Fabrik. Der Anspruch auf Präzision, Qualität und größte Leistung zu ökonomischen Bedingungen führt zur Vorfabrikation im Sinne einer kompletten Fertigfabrikation aller Teile. Dadurch ergibt sich eine neue Technik des Zusammenfügens der einzelnen Elemente auf der Baustelle. Der Bau

Wie neugeboren und in alter Frische erscheint eine mit den heutigen Anforderungen an die Bauphysik versöhnte moderne Architektur für das Einfamilienhaus. Holz im Zusammenwirken mit anderen Materialien bietet dafür die besten Voraussetzungen. (Projekt S. 134)

wird zur Montage." Mit dem radikalen Ansatz, den Bauprozess zu industrialisieren war dieses System seiner Zeit weit voraus. Als geschlossenes Bausystem mit fest vorgegebenen Modulmaßen und eingeschränkter Möglichkeit zur Variantenbildung war es jedoch dem offenen und damit variableren Prinzip des Holzrahmenbaus unterlegen.

Aktuelle Holzrahmen- und Holztafelbauweisen bieten als offene Systeme alle Voraussetzungen für eine individuelle Gebäudegestaltung. Der Systemgedanke findet sich in den einzelnen Bauteilen für Wand, Decke und Dach wieder, ohne dass für die in der Regel auftragsbezogen gefertigten Elemente ein bestimmtes Planungsraster zugrunde liegt. Mittelständische Holzbauunternehmen verfügen heute über CNC-gesteuerte Abbundanlagen, die es ermöglichen, die von Wachsmann und Gropius entwickelte Methode des industrialisierten Bauens auch auf ein individuell geplantes Haus anzuwenden.

In dem Maße, wie sich die Erkenntnis von der Endlichkeit natürlicher Ressourcen durchsetzt und die Folgen ungezügelten Wachstums zu spürbaren Veränderungen in der natürlichen Umwelt führen, wächst das Bewusstsein für die Notwendigkeit einer nachhaltigen Ökonomie. Für das Bauen bedeutet dies die Wiederentdeckung des wohl ältesten Baumaterials der Menschheit. Holz erfüllt als nachwachsender Rohstoff in idealer Weise die Anforderungen an das ökologische Bauen, ist überall verfügbar und lässt sich leicht verarbeiten. Holz spricht alle Sinne an: Es fühlt sich gut an, es „klingt" und riecht gut und reizt mit seinen Farben und den Unregelmäßigkeiten seiner Wuchsformen das ästhetische Empfinden. Aus dem Handwerklichen entwickelte, industrielle Fertigungsmethoden und neue Holzwerkstoffe machen Holz zu einem leistungsfähigen Baumaterial für eine zeitgemäße Architektur, die die Errungenschaften der Moderne mit den ökologischen Anforderungen der Gegenwart vereint.

Die in diesem Band vorgestellten Einfamilienhäuser aus Deutschland, Österreich und der Schweiz zeigen eindrucksvoll die Gestaltungsmöglichkeiten mit Holz und Holzwerkstoffen. Großzügige Wohnräume, lichtdurchflutete Raumgefüge und eine Fassadengestaltung mit Öffnungen, die man bisher nur dem Stahlbeton zutraute, demonstrieren die Leistungsfähigkeit des Materials. Für Bauherren ist die Frage der Wirtschaftlichkeit stets von großem Interesse. Hier zeigt sich, dass der Holzbau anderen Bauweisen in nichts nachsteht, sondern mit einer Reihe besonderer Vorteile, die der vorliegende Band dokumentiert, aufwarten kann. Die Angabe der reinen Baukosten (siehe Glossar) erlaubt den Vergleich der einzelnen Beispiele untereinander. Die Wirtschaftlichkeit eines Gebäudes bezieht sich nach Abschluss der Bauphase jedoch auch auf seine Energieeffizienz, Wertbeständigkeit und Anpassungsfähigkeit an zukünftige Entwicklungen. Auch in diesem Sinne verkörpern die hier vorgestellten Gebäude eine intelligente Bautechnik, mit der ein maximaler Nutzen erzielt wird. Die Tatsache, dass der Holzbau erhöhte Anforderungen an die Planungsphase stellt, wird mehr als kompensiert durch eine rasche Bauzeit und die mit der Vorfertigung der Bauteile einhergehende exakte Ausführung. Brillante Fotos heben den sinnlichen Aspekt des Baumaterials hervor. Sowohl von außen als auch von innen zeigt sich eine natürliche Anmutung des Materials, die geeignet ist, den Leser für das Bauen mit Holz zu begeistern.

Mein Dank gilt dem Callwey Verlag, der mit diesem Buch das Thema „Einfamilienhaus" erneut ins Blickfeld rückt und die Bauten in gewohnter Weise sehr anspruchsvoll zu präsentieren weiß. Allen Bauherren, die für dieses Buch Einblick in ihre Häuser gewährt haben, gebührt mein Dank ebenso wie den Architekten und Fotografen, die reichliches Informationsmaterial zur Verfügung gestellt haben. Wenn heute Einfamilienhäuser aus Holz entstehen, die unter ökonomischen und ökologischen Aspekten vorbildlich sind und zudem ästhetischen Ansprüchen genügen, so ist dies in erster Linie der guten Zusammenarbeit von Bauherren und Architekten zu verdanken.

# Fragen zum Holzbau

Die Fertigteilbauweise mit Holztafelelementen ermöglicht eine witterungsunabhängige Vorfertigung und rasche Montage am Bauplatz. (Projekt S. 150)

Angeführt von Österreich, wo heute bereits rund ein Drittel der neuen Einfamilienhäuser aus Holz hergestellt werden, gefolgt von Deutschland mit aktuell 15 Prozent und der Schweiz mit etwa 10 Prozent zeigt der Holzbau in allen drei Ländern eine wachsende Verbreitung. Holz als einheimisches Naturprodukt wird wieder zu einem wichtigen Baumaterial mit vielfältigen Verarbeitungs- und Gestaltungsmöglichkeiten. Im Folgenden werden häufig gestellte Fragen zur Konstruktion, Bauphysik, Ökonomie und Ökologie sowie zur Energieeinsparung beantwortet. Hinweise zu den im Buch vorgestellten Einfamilienhäusern ermöglichen eine Vertiefung der allgemeinen Angaben am jeweiligen Objekt. Ein Glossar im Anhang liefert Definitionen zu Fachbergriffen aus dem Holzbau.

## Konstruktion

### Welche Bauweisen und Bausysteme eignen sich heute für den Einfamilienhausbau?

Der Holzbau ist durch unterschiedliche Bauweisen geprägt, die sich grundsätzlich alle für den Einfamilienhausbau eignen. Typologisch werden sie in Skelett-, Block- und Holzrahmenbau unterteilt. Durch Vorfertigung großformatiger Elemente entwickelte sich der Holztafel- aus dem Holzrahmenbau.
Viele Holzbausysteme basieren auf der Struktur der Platte bzw. Scheibe, die als Elemente vorgefertigt und auf der Baustelle zusammengefügt werden. Dem Architekt bieten sich bei der Planung und Konstruktion mit dem Baustoff Holz architektonische Möglichkeiten, die denen mit dem Baustoff Beton ähnlich sind.
Der Architekt Alexander Nägele von SoHo Architektur hebt die vielfältigen Möglichkeiten des Bauens mit Holz hervor: „Angesichts des aufkeimenden Interesses an energetischen, ökologischen und baubiologischen Fragen bietet der Baustoff Holz ein breites Spektrum an möglichen Antworten und unterschiedlichen Lösungsansätzen für die Baukonstruktion. Der aktuelle Holzbau bietet eine Vielzahl von Konstruktionsmöglichkeiten, wobei er sich von ‚hölzernen Vorbildern‘, wie der Skelettbauweise mit ihrem Stützen-Träger-System immer weiter entfernt.“

### Worin besteht der Unterschied zwischen Holzrahmen- und Holztafelbau?

Kennzeichnend für den Holzrahmenbau ist ein Traggerüst aus Kanthölzern mit möglichst gleichen Abmessungen, das mit Holzwerkstoffplatten flächig beplankt wird. Da die senkrecht stehenden Hölzer auch als Ständer bezeichnet werden, ist der Begriff „Holzständerbau“ ebenfalls gebräuchlich. Der Abstand dieser senkrechten Rahmenhölzer richtet sich nach dem Format der aussteifenden Platten. Er kann zum Beispiel 62,5 oder 83 Zentimeter breit sein. Der Rahmen selbst wird durch das untere Schwellholz und den oberen Rähm gebildet. Die Beplankung mit schubsteifen Plattenwerkstoffen verhindert das seitliche Ausknicken oder Kippen der Ständer. Mechanische Verbindungsmittel wie Schrauben, Nägel und Klammern oder eine Verleimung stellen einen schubsteifen Verbund zwischen der flächigen Beplankung und den stabförmigen Hölzern her. So entsteht ein in alle Richtungen belastbares Bauteil, das als Wandtafel nicht nur eine raumbildende und tragende, sondern auch eine aussteifende Funktion hat. Traditionell erfolgt bei der Holzrahmenbauweise die Herstellung dieser schubsteifen Verbindung auf der Baustelle. Im Unterschied dazu werden bei der Holztafelbauweise Teilabschnitte der Außenwand möglichst weitgehend im Werk vorgefertigt. Diese Elemente werden dann am Bauplatz mit dem Kran montiert, sodass ein Haus innerhalb weniger Tage erstellt werden kann. Die Herstellung in der Halle erlaubt eine witterungsunabhängige Fertigung zugunsten einer präziseren Fertigung, Verkürzung der Bauzeit und Einsparungen bei den Lohnkosten. Ist die Bodenplatte erst einmal hergestellt, können die Fertigteile für ein Einfamilienhaus in der Regel innerhalb einer Woche montiert werden. Nach einer weiteren Woche sind Dacheindeckung und Fenstereinbau abgeschlossen, sodass mit dem Innenausbau begonnen werden kann.

### Welche Rolle spielen Stahlbauteile im Holzbau?

Neben ihrer universellen Verwendung als Verbindungsmittel eignen sich Stahlbauteile als Tragelemente hervorragend für den Einbau innerhalb einer Holzkonstruktion. Ihre hohe Tragfähigkeit erlaubt die Ausbildung schlanker Tragelemente überall dort, wo eine weitgehende Offenheit erwünscht ist. Filigrane

Konstruktiver Holzschutz durch einen großen Dachüberstand. (Projekt S. 66)

Stahlstützen ermöglichen die großflächige Verglasung
von Teilen der Fassade sowie als innere Skelettstruktur
die Ausbildung eines offenen Grundrisses. Im Einzel-
fall kommt ein Stahltrapezblech als Alternative zur
Holzbalkendecke infrage.

### Wie funktioniert eine hinterlüftete Fassade?

Bei dieser Konstruktion wird der Wandaufbau durch
eine vorgehängte Schale vor den Einflüssen der
Witterung geschützt. Sie dient als Wetterhaut und ist
vollflächig hinterlüftet, sodass Feuchtigkeit, die zum
Beispiel durch Schlagregen eindringt, ausdiffundieren
kann. Die Luftein- und -austrittsöffnungen müssen
einen Querschnitt von mindestens 1/500 der zu be-
lüftenden Wandfläche haben. Für eine einwandfreie
Durchlüftung ist ein Luftstrom von unten nach oben
erforderlich.

### Welche Materialien eignen sich als
### Fassadenbekleidung?

Die einfachste Bekleidung einer hinterlüfteten Fassade besteht aus einer Brettschalung. Mit Holzwerkstoffplatten lassen sich großformatige Schalungen
herstellen. Dabei unterscheidet man Bau-Furnier-
sperrholz (BFU), Dreischichtplatten aus Nadelholz (3S),
Furnierschichtholz (FSH) und Vollholz aus Nadelholz
(NH). Eine eigene Werkstoffgruppe bilden zement-
oder harzgebundene Faserplatten, wie zementgebundene Flachpressplatten (ZSP), Faserzementplatten und
die Trespa-Platte als Beispiel einer harzgebundenen
Platte. Aber auch andere Werkstoffe, wie zum Beispiel
Zinkblech, das u.a. als flächige Rautendeckung verlegt
werden kann, bilden eine robuste Wetterhaut.

### Welche konstruktiven Möglichkeiten bietet
### schichtverleimtes Holz?

Die Möglichkeit, größere Holzbauteile durch Verleimung einzelner Bretter herzustellen, wurde zuerst für
die Fertigung von Brettschichtholzträgern genutzt.
Die einzelnen Lamellen werden dabei in Längsrichtung durch eine Keilzinkenverbindung untereinander
verbunden und durch Leimfugen zu tragenden Quer-
schnitten mit fast beliebigen Abmessungen zusam-
mengesetzt. Auch gekrümmte Brettschichtholzträger
sind herstellbar. Der statisch wirksame Verbund einzelner Holzlamellen wird heute auch für die Herstellung von Vollholzdecken als Brettstapeldecken und
Brettschichtholz-Flachdecken genutzt.
Blockholzprodukte sind aus Restholz von Fichten-
und Tannenholzseitenbrettern gefertigt. Die kurzen,
lamellenartigen Bretter mit einer Dicke von 20 bzw.
26 Millimetern bewirken eine gute Schwachstellen-
verteilung, sodass sich Blockholzprodukte durch ein
homogenes Materialverhalten auszeichnen. Dabei
werden die Hölzer so angeordnet, dass in der Platten-
ebene stets das kleinstmögliche radiale Schwinden
und Quellen auftritt.

### Welche Holzschutzmaßnahmen sind erforderlich?

Der wirksamste Holzschutz ist der Schutz vor Feuchtigkeit. Dabei kommt es darauf an, das Holz trocken,
d.h. mit einer Holzfeuchte unter 20 Prozent einzubau-
en und es auch während Transport, Lagerung und
Montage vor Durchfeuchtung zu schützen. Im eingebauten Zustand müssen die tragenden Teile der Konstruktion dauerhaft vor direkter Feuchtigkeitseinwir-
kung geschützt werden. Von außen eignet sich dafür
zum Beispiel ein vorgehängte, hinterlüftete Fassade.
Eine raumseitig weitgehend luftdichte Ebene wirkt
als Dampfbremse und schließt so eine mögliche Tau-
wasserbildung innerhalb des Wandaufbaus aus. Besonders empfindliche Punkte sind Traufe und Sockel.
Durch genügend Abstand vom Erdreich und weitere
konstruktive Maßnahmen muss das Schwellholz als
unterstes Bauteil vor Feuchtigkeit geschützt werden.
Ein möglichst großer Dachüberstand schützt nicht nur
den Traufpunkt, sondern gegebenenfalls auch die gesamte Außenwand. Konstruktionen ohne Dachüberstand setzen auf eine witterungsbeständige Außenhaut. Besonders geeignet sind dafür Fassadenplatten
aus Faserzement sowie zement- oder harzgebundene
Holzfaserplatten. Als sehr harzreiches Holz hat sich
die Lärche für Fassadenbekleidungen durchgesetzt
und benötigt keinen zusätzlichen Holzschutz. Bei der
Verwendung anderer Hölzer ist auf eine gute Hinterlüftung der Wetterschale zu achten.

### Wie verändert sich unbehandeltes Holz, wenn es der Witterung ausgesetzt ist?

Unter dem Einfluss der Sonnenstrahlung zersetzt sich der Holzfarbstoff Lignin. Dabei verfärben sich frei bewitterte Hölzer, wobei eine holzverschalte Fassade in verschiedene Grau- und Brauntöne übergeht, bevor sie nach einigen Jahren in einem Silbergrau erscheint. Bestimmte harzreiche Holzarten wie Lärche, Kiefer oder Zeder benötigen keine Holzschutzmaßnahmen und bleiben in vergrautem Zustand jahrzehntelang funktionstüchtig.

## Bauphysik

### Was leistet der bauliche Wärmeschutz?

Der Wärmeschutz eines Gebäudes betrifft die Gesamtheit aller Einzelmaßnahmen an den Umfassungsflächen eines Gebäudes, die auf die Reduktion des Wärmeflusses von innen nach außen im Winter und von außen nach innen im Sommer abzielen. Zum baulichen Wärmeschutz gehören deshalb auch temporär wirksame Sonnenschutzmaßnahmen, die das Gebäudeinnere vor Überhitzung schützen. Im Holzbau wird die Wärmedämmung in Form von Matten oder als Einblasdämmung in die Hohlräume von Wand- und Dachelementen eingebracht. Für die Funktionstüchtigkeit der Dämmung ist die lückenlose Befüllung aller Hohlräume unbedingt erforderlich. Typische Dämmstoffe in Mattenform sind Mineralfasern, Holz- oder Schafwolle. Schütt- und Einblasdämmungen bestehen aus Zellulose, Flachs oder Holzfasern.
Zur Ermittlung des Wärmeverlusts eines Bauteils wird der Wärmedurchgangskoeffizient (U-Wert) als Maßeinheit verwendet. Er gibt diejenige Wärmemenge an, die pro Zeiteinheit durch 1 Quadratmeter eines Bauteils bei einem Temperaturunterschied der angrenzenden Raum- und Außenluft von 1 Kelvin hindurchgeht. Je kleiner der U-Wert, umso besser die Wärmedämmung. Die Maßeinheit ist W/m²K (Watt pro Quadratmeter Kelvin).

### Welche Rolle spielt die Luftdichtigkeit der Gebäudehülle?

Luft, die durch Spalten, Ritzen und Öffnungen entweicht, transportiert einen beträchtlichen Teil der Wärme aus den beheizten Räumen ins Freie. Die Luftdichtigkeit der Gebäudehülle kann in einem Blower-Door-Test nachgewiesen werden, bei dem ein Gebläse im Gebäude einen Unterdruck von 50 Pascal herstellt. An undichten Stellen strömt die Luft wieder nach innen zurück. Nach der Energieeinsparverordnung ist ein dreifacher Luftwechsel pro Stunde bei einem Unterdruck von 50 Pascal noch zulässig. Bei Gebäuden mit kontrollierter Lüftung reduziert sich die Luftwechselrate auf das 1,5-fache.

### Was ist beim Feuchteschutz zu beachten?

Feuchteschutzmaßnahmen umfassen den Schutz vor Niederschlagsfeuchte und vor nutzungsbedingter Feuchte. Eine vorgehängte hinterlüftete Fassade dient als Schlagregenschutz für den weiteren Wandaufbau. Die Dichtigkeit aller Anschlussdetails an Laibungen und Übergängen sollte konstruktiv und nicht durch wartungsbedürftige Dichtstoffe hergestellt werden. Zum Feuchteschutz gehört auch der Spritzwasserschutz in Bädern und Küchen sowie die Herstellung einer luftdichten Gebäudehülle zur Vermeidung des Feuchteeintrags in die Konstruktion. Ein guter Feuchteschutz ist gleichzeitig auch der beste Holzschutz. Eine raumseitige Dampfbremse verhindert das Eindringen von Feuchtigkeit aus der Raumluft in den Wandaufbau. Dampfdiffusionsoffene Konstruktionen benötigen keine Dampfbremse. Hier muss sichergestellt sein, dass kein Kondensat innerhalb des Wandaufbaus anfällt. Neben speziellen Folien können auch raumseitig aufgebrachte Holzwerkstoffplatten als Dampfbremse wirken. Sie müssen in diesem Fall an den Fugen sorgfältig abgedichtet werden.

### Sind Holzhäuser hellhörig?

Die Schalleigenschaften eines Holzrahmenbaus werden durch den mehrschaligen Aufbau der Konstruktion positiv beeinflusst. Dabei ist es von Vorteil, wenn die einzelnen Materialien unterschiedliche Dichten aufweisen. Die Entkoppelung der einzelnen Schalen bietet nicht nur wärmetechnische Vorteile, sondern führt auch zu einer Unterbrechung der Schallübertragungswege. Gegebenenfalls kann der Schallschutz einer massiven Konstruktion übertroffen werden. Im Holzleichtbau wirkt dabei nicht die Masse schwerer Bauteile, sondern die intelligente Anordnung mehrerer unterschiedlich dichter Schichten.

### Welche Brandschutzmaßnahmen sind bei einem Holzhaus erforderlich?

Im Vergleich zu nicht brennbaren Massivbauweisen müssen keine Nachteile in Kauf genommen werden. Der mehrschalige Aufbau von Außenwänden, gegebenenfalls auch von Trenn- und Zwischenwänden, erlaubt die Anpassung an unterschiedliche Feuerwiderstandsklassen von F30 bis zu F90. Durch die beidsei-

Ein durchdachter Wandaufbau mit unterschiedlichen Funktionsschichten gewährleistet ein angenehmes Raumklima für Jung und Alt. (Projekt S. 22)

„Ökologisch vorbildlich" bedeutet nicht den Verzicht auf Eleganz und maximale Transparenz. (Projekt S. 102)

tige Beplankung mit Gips- und Holzwerkstoffplatten und eine Mineralwolldämmung sind die Holzrahmen vor direkter Brandeinwirkung geschützt. Ohne zusätzliche Maßnahmen wird in der Regel bereits die Feuerwiderstandsklasse F30-B erreicht. Das tatsächliche Brandverhalten von Holz ist insofern günstig, als sich eine schützende Holzkohleschicht bildet, wodurch der unverbrannte Kern seine Resttragfähigkeit vergleichsweise lange aufrechterhalten kann.

### Wie wirkt sich eine Holzleichtbaukonstruktion auf das Raumklima aus?

Aufgrund der geringen Wärmeleitfähigkeit von Holz und der sehr guten Wärmedämmung (U-Wert) liegen die Oberflächentemperaturen der raumseitigen Umfassungsflächen wie Außenwände, Dach und Boden kaum unter der Raumlufttemperatur. Diese als angenehm empfundenen Oberflächentemperaturen haben den Vorteil, dass die Raumtemperatur gegenüber anderen Bauweisen bei gleich bleibendem Behaglichkeitsempfinden um 1–2 Grad abgesenkt werden kann. Im Sommer sorgt der hervorragende Wärmeschutz dafür, dass es im Haus angenehm kühl bleibt. Durch nächtliches Lüften kühlt sich die Raumlufttemperatur rasch ab, da Holz ein schlechter Wärmespeicher ist und die Wärme weniger lange abstrahlt als massive Konstruktionen. Die innenraumseitige Schale aus Gips oder Holz kann Feuchtigkeit aus der Raumluft aufnehmen, speichern und bei geringer Luftfeuchtigkeit wieder an die Raumluft abgeben. Im Vergleich zu einem Massivbau ist ein Holzbau von Anfang an trocken und verfügt über ein gesundes Raumklima.

### Wie erzielt man den bestmöglichen Wohn- und Wärmekomfort?

Neben fossilen Brennstoffen wie Heizöl und Erdgas stehen heute auch erneuerbare Energiequellen wie Holz, Sonnenenergie oder Erdwärme zur Verfügung. Der Restwärmebedarf in einem gut gedämmten Haus kann durch Heizsysteme mit niederer Vorlauftemperatur sichergestellt werden. Im Unterschied zu herkömmlichen Heizkörpern benötigt die Niedertemperatur-Strahlungsheizung große Wand- und Bodenflächen für die Wärmeabgabe an die Raumluft. Der enorme Vorteil dieser Technik liegt darin, dass durch die Beheizung hervorgerufene Luftbewegungen weitgehend unterbleiben und ein sehr behagliches Raumklima entsteht. Eine weitere Möglichkeit zur Konditionierung des Raumklimas stellt die thermische Bauteilaktivierung dar. Einzelne Massivbauteile wie Wände oder Decken innerhalb einer leichten Holzkonstruktion können gekühlt bzw. erwärmt werden. Als Wärmequelle für den Betrieb dieser Systeme dienen Wärmepumpe, Solarabsorber und Erdwärmetauscher. Allgemein kann das Raumklima einer Holzleichtbaukonstruktion durch das Zwischenspeichern solarer Energie in einem Warmwasserschichtspeicher oder in Speichermassen, die auch ein Kieskoffer (Projekt S. 66) sein können, positiv beeinflusst werden. Eine nahe liegende Energiequelle zur Erzeugung des Wärmebedarfs ist das Holz selbst. Holzheizungen können mit Scheitholz oder Holzpellets betrieben werden. Pellets sind 3 Zentimeter lange Presslinge aus rückstandsfreien Sägespänen, die $CO_2$-neutral verbrennen. Neben der Wärmestrahlung, die vom Heizkessel selbst ausgeht, kann die Wärme zum Beispiel auch durch eine Hypokaustenwand (Projekt S. 74) an die Raumluft abgegeben werden.

Eine hinterlüftete Außenhaut aus Zinkblechtafeln in Rautendeckung stellt eine gute Möglichkeit für den dauerhaften Witterungsschutz der Außenwand dar. (Projekt S. 146)

## Ökonomie und Ökologie

### Welche Lebensdauer hat ein Holzhaus?

Die Wirtschaftlichkeit einer Bauweise oder eines Gebäudes spiegelt sich zunächst in den Baukosten wider. In der Nutzungsphase treten jedoch die Betriebskosten sowie die Kosten für Wartung und Pflege in den Vordergrund. Neben einer allgemeinen Einschätzung der Werthaltigkeit und Dauerhaftigkeit wird mit dem Energiepass in Zukunft ein weiterer Maßstab zur Gebäudewertschätzung vorliegen. Bereits heute ist klar, dass energieeffizienten Holzbauten die Zukunft gehört. Aktuelle Forschungen zum Alter eines unscheinbaren Holzhauses im Schweizer Kanton Schwyz haben ergeben, dass das Blockholz der Außenwände um das Jahr 1170 geschlagen wurde. Bisher war man davon ausgegangen, dass eine Holzkonstruktion nicht älter als 400 Jahre werden kann. Durch diesen Befund – es handelt bei dem Haus in Nideröst um das älteste Holzhaus Europas – wird klar, dass die Lebensdauer eines Holzhauses nahezu unbegrenzt ist. Aktuelle Konstruktionen profitieren von einer dauerhaft sicheren Gründung und der Entwicklung neuer Holzwerkstoffe, die den gestiegenen Anforderungen an Wärme-, Feuchte-, Brand- und Schallschutz gerecht werden. Auch der im Vergleich zum konventionellen Massivbau geringere Aufwand bei Modernisierungs- und Umbaumaßnahmen, bei Wartung und Unterhalt wirkt sich positiv auf die zu erwartende Nutzungsdauer einer Konstruktion aus.

### Ist die Holzbauweise teurer als die Massivbauweise?

Auf den ersten Blick schneiden Holz- und Massivbauweise bezüglich der Baukosten gleich ab. Der Kostenvorteil einer Holzkonstruktion beruht jedoch auf mehreren Aspekten, die von Bauherr und Architekt genutzt werden können. Die geringere Bauteilabmessungen einer Holzrahmenwand im Vergleich zu einer massiven Außenwand bedeuten einen Nutzflächengewinn von bis zu 10 Prozent. Die Verlagerung des Herstellungsprozesses von der Baustelle in die Industriehalle erlaubt eine witterungsunabhängige, rasche Montage der möglichst weitgehend vorgefertigten Teile, sodass durch diesen Montageprozess Kosten eingespart werden. Durch die kürzere Bauzeit und eine Montage, die auch im Winter möglich ist, kann ein Holzhaus vergleichsweise schneller bezogen werden. An einem Holzhaus können zahlreiche Arbeiten als Eigenleistung erbracht werden. Die Trockenbauweise ermöglicht es, den gesamten Innenausbau in Eigenleistung zu erbringen – einschließlich der Fliesen- und Malerarbeiten. Häuser mit einem günstigen Verhältnis von wärmegedämmter Hüllfläche zu Nutzfläche, also kompakte Häuser, sind besonders wirtschaftlich. Etwa 50 Prozent der Baukosten machen die Rohbaukosten mit Erdarbeiten, Bodenplatte, Zimmerer, Dachdecker, Dachklempner und Fenster aus. Mit den unterschiedlichen Möglichkeiten der Gestaltung von Fassade und Dach, von Innenwänden und Fußböden sowie der Wahl der technischen Ausstattung und der Ausbauten wie Türen, Treppen und Sanitäreinrichtung sowie der technischen Ausstattung mit Brennwerttherme, Lüftungsanlage und Haustechnik können die Kosten deutlich beeinflusst werden. Eine individuelle Ausschreibung aller Gewerke ermöglicht hier eine exakte Steuerung der Baukosten.

Massivholzplatten aus schichtverleimtem Lärchenholz erlauben die Ausbildung einer präzisen, bewitterten Außenhülle. (Projekt S. 116)

Ebenfalls aus Lärchenholz, aber mit einer vollkommen anderen Anmutung präsentiert sich dieses alte Bauernhaus in neuem Gewand. (Projekt S. 124)

## Was bedeutet das Bauen mit Holz für die einheimische Industrie?

Für den Holzbau gilt allgemein, dass es sich um eine regional verwurzelte Technik handelt, bei der die gesamte Wertschöpfungskette vom Baum bis zum Haus in regionalen Zusammenhängen gedacht werden kann. Hier spielt das österreichische Vorarlberg eine Vorreiterrolle, wie der Architekt Zaffignani von aix architects erläutert: „Das Bauen mit Holz hat in Vorarlberg immer Zukunft, da es seit jeher fixer Bestandteil einer kulturellen Tradition war, die in vielen kleinen Details auch heute noch spürbar ist. Dass das verwendete Rohmaterial nicht immer und ausschließlich aus heimischen Wäldern stammt, liegt am Markt und an der industriellen Produktion. Als nachwachsender Rohstoff mit regionaler Wertschöpfung wird es immer von Bedeutung sein. Da Bauholz früher nur direkt aus dem Baumstamm gewonnen wurde, waren seine Dimensionen und die daraus resultierenden Verwendungsmöglichkeiten begrenzt. Heute gibt es sowohl in der Produktion als auch in der Anwendung kaum mehr Einschränkungen. Dennoch sind in der sachgemäßen Verwendung Regeln zu befolgen. Feuchtigkeit und Wasser sind in gewisser Weise die natürlichen ‚Feinde' des Holzbaus. Durch innovative Unternehmen mit neuen Produkten verbessern sich die physikalischen Eigenschaften des Holzes im Hinblick auf Statik und Brandschutz. Dadurch vergrößern sich auch die Anwendungsgebiete. Es bleibt weiter spannend."

## Welches sind die wichtigsten Prinzipien des ökologischen Bauens?

Dieser Begriff fasst eine Vielzahl von Aspekten zusammen, die die Eigenschaften eines Materials oder einer Bauweise in Bezug zur Umwelt betreffen. In diese Betrachtung fließt die bei der Herstellung aufzuwerdende Energie ebenso ein wie die Umweltfreundlichkeit bei der Produktion, die $CO_2$-Bilanz der Werkstoffe, Verfahren und Produkte, die Rohstoffeffizienz und Nachhaltigkeit eines Baustoffs bis hin zu den Stoffkreisläufen bei Produktion, Transport, Nutzung, Recycling und Entsorgung. Holz ist das ökologische Material schlechthin.

## Welche ökologischen Vorteile bietet der Holzbau?

Als nachwachsender Rohstoff bietet Holz alle Voraussetzungen für eine nachhaltige Nutzung der Natur. Neben traditionelle zimmermannsmäßige Bearbeitungstechniken treten neue industrielle Fertigungsmethoden bei brettschichtverleimtem Holz und Holzwerkstoffprodukten. Der Architekt Klaus Loenhart aus dem Büro terrain: loenhart&mayr architekten erläutert dazu: „Durch unsere Praxis als Architekten und Landschaftsarchitekten endet dieses Projekt nicht am Gartenzaun. Holzbau ist ein Beitrag zur Reduktion des $CO_2$-Ausstoßes und damit zum aktiven Klimaschutz. Die Verwendung von heimischem Holz ist gleichzeitig eine Investition in unsere Kulturlandschaft. Aus einer langen Tradition hat sich das Zimmererhandwerk zu einer zeitgenössischen Baupraxis fortentwickelt – mit allen ökonomischen und ökologischen Vorteilen für den Bauherrn. Zeitgenössisches Leben lässt sich mit diesen Techniken und Materialien auch baulich fassen. Aktuelle Baukultur ist somit keine Frage ‚neuer' Materialien."

Präzise gefräst und beidseitig lasiert passen die Holzlatten dieser hinterlüfteten Schalung gut zu dem scharfkantig geschnittenen Dach aus verzinktem Stahlblech. (Projekt S. 74)

## Energieeinsparung

### Welche Möglichkeiten der Energieeinsparung bietet ein Holzhaus?

Der mehrschalige Wandaufbau der Holzrahmenbauweise mit vorgehängter Wetter- und raumseitiger Innenschale erlaubt die Anpassung an unterschiedliche Dämmstandards. Diese reichen von dem in der EnEV (Energieeinsparverordnung) geforderten Mindestdämmstandard über das Niedrigenergiehaus und das 3-Liter-Haus bis zum Passivhaus (siehe Tabelle rechte Seite). Platzsparend ist die Wärmedämmung zwischen den einzelnen Rahmen der Außenwand untergebracht. Zur Vermeidung möglicher Wärmebrücken an den Verbindungsstellen von Rahmen und Beplankung können zusätzliche Dämmschichten außen- oder innenseitig angeordnet werden. Die Wirksamkeit der Wärmedämmung hängt aber nicht nur von der Dicke der Dämmschichten, sondern auch vom Feuchteschutz, der Winddichtigkeit der Konstruktion und von einer hohlraumfreien Durchgängigkeit der Dämmschichten ab. Neben der Qualität der Wärmedämmung wird der Energieverbrauch entscheidend vom Lüftungsverhalten der Bewohner beeinflusst. Eine Stoßlüftung durch kurzes Öffnen der Fenster sorgt für den nötigen Luftwechsel und hält die Energieverluste in Grenzen. Je ehrgeiziger die Ziele beim Energiesparen sind, umso notwendiger erscheint eine kontrollierte Be- und Entlüftung des Hauses, wie sie bereits heute zum Standard eines 3-Liter- oder Passivhauses gehört.

### Was wird in der Energieeinsparverordnung EnEV geregelt?

Seit dem 1. Februar 2002 gilt die neue Energieeinsparverordnung. Sie tritt an die Stelle der Wärmeschutzverordnung von 1995, die für den Bau von frei stehenden Einfamilienhäusern noch 10 bis 12 Liter Heizöl oder Kubikmeter Erdgas pro Quadratmeter Wohnfläche und Jahr tolerierte. Jetzt wurde dieser Grenzwert für den höchstzulässigen Energieverbrauch um weitere 30 Prozent reduziert und liegt damit bei einem maximalen Verbrauch von etwa 7 Liter Heizöl bzw. Kubikmeter Erdgas pro Quadratmeter Wohnfläche und Jahr. Mit der Novellierung im Jahr 2004 wurden die Mindestanforderungen an den Dämmstandard weiter erhöht.

### Wie viel Energie verbraucht ein Einfamilienhaus?

In der Regel unterschreiten die in diesem Buch vorgestellten Häuser den in der ersten Energieeinsparverordnung EnEV vom 1. Februar 2002 festgelegten Wärmeschutz. Der spezifische Heizenergiebedarf wird für jedes vorgestellte Haus unter den Gebäudedaten aufgeführt.

### Welche Ausstattungsmerkmale besitzt ein Passivhaus?

Ein Passivhaus benötigt eine perfekt gedämmte Gebäudehülle mit der Vermeidung von Wärmebrücken, auch an schwächer gedämmten Stellen, zum Beispiel dort, wo die Rahmenhölzer mit der Beplankung vollflächig verbunden sind. Eine horizontale Lattung mit dazwischenliegender Dämmung entschärft diese Schwachstellen. Die Ausbildung einer luftdichten Gebäudehülle mit dem Einbau hervorragend gedämmter Fenster und Türen ist Voraussetzung für die kontrollierte Belüftung des Gebäudes mit einer Vorerwärmung der Zuluft mittels Erdwärmetauscher und einer Wärmerückgewinnung aus der Abluft. Dabei kann die Abluftwärmepumpe zur Warmwasserbereitung genutzt werden. Eine sinnvolle Orientierung des Gebäudes mit Öffnungen nach Osten, Westen und Süden ermöglicht die passive Nutzung der Solarenergie. Erstaunlich ist, dass die zusätzliche Technik zur Umsetzung des Konzepts nur einen Flächenbedarf von etwa 2 Quadratmetern benötigt.

## Was bedeutet der Minergie-Standard?

Im Jahr 1998 als privater Verein „Minergie" gegründet, vergeben heute in der Schweiz Bund und Kantone das „Minergie-Label". Nach dem Minergie-Standard darf ein typisches Einfamilienhaus maximal 42 Kilowattstunden pro Quadratmeter Bruttogeschossfläche und Jahr verbrauchen. Bis zum Jahr 2010 sollen 20 Prozent aller Neubauten den „Minergie-Standard" erreichen. Erst etwa 30 Einfamilienhäuser erfüllen in der Schweiz den „Minergie-P-Standard". Mit einem Energiebedarf von 3 Litern Öläquivalent pro Quadratmeter und Jahr sind die Anforderungen gegenüber einem Minergiehaus, das 4 Liter toleriert, hier noch höher. (*Neue Zürcher Zeitung* vom 6.10.2005)

## Was bringt der Energiepass?

Mit dem Energiepass für Gebäude wird erstmals eine Möglichkeit geschaffen, den Energieverbrauch von Gebäuden vergleichend zu bewerten, indem alle wichtigen Kenndaten, die Einfluss auf den Energieverbrauch haben, dokumentiert werden.

## Welche Möglichkeiten der Energiegewinnung bietet das Einfamilienhaus?

Mit passiver Solarenergienutzung kann die solare Energie im Gebäudeinneren konserviert werden. Einfallendes Licht wird in Wärmestrahlung umgewandelt und trägt zur Erwärmung der Raumluft bei. Um von diesem Effekt maximal zu profitieren, eignen sich große Fensteröffnungen auf der Südseite. Die der Sonneneinstrahlung ausgesetzten Gebäudehüllflächen bieten auch die Möglichkeit der aktiven Solarenergienutzung. Hier unterscheidet man zwischen Kollektoren, die ebenfalls Licht in Wärme umwandeln, und fotovoltaischen Modulen, die das Licht in Strom umwandeln. Die Energieeinspeiseverordnung garantiert die Abnahme des so erzeugten Stroms zu einem Festpreis. Erdsonden und Erdwärmetauscher stellen eine weitere Möglichkeit der Energiegewinnung dar. Aus dem Temperaturgefälle erzeugt eine Wärmepumpe Energie. Förderprogramme der öffentlichen Hand bieten finanzielle Anreize für den Einsatz regenerativer Energien. Weitere Informationen dazu auf Seite 164.

### Energiekennwerte für Einfamilienhäuser

| Heizenergiebedarf | Dämmstandard | Kennwert Nutzenergie kWh/m² |
|---|---|---|
| | EnEV* | 70 |
| | Niedrigenergiehaus | 50 |
| | 3-Liter-Haus | 30 |
| | Passivhaus | 15 |
| | Nullenergiehaus | 0 |
| Trinkwarmwasserbedarf | Personen | Kennwert Nutzenergie kWh/a |
| | 1 | 600 |
| | 2 | 1.100 |
| | 3 | 1.500 |
| | 4 | 1.800 |
| | 5 | 2.000 |
| | 6 | 2.100 |
| Strombedarf | Personen | Kennwert Nutzenergie kWh/a |
| | 1 | 2.300 |
| | 2 | 2.500 |
| | 3 | 2.700 |
| | 4 | 2.900 |
| | 5 | 3.100 |
| | 6 | 3.300 |

*Energieeinsparverordnung

Mit einem etwas dickeren Wandaufbau und einer kontrollierten Lüftung erreicht dieses Haus den Passivhausstandard. (Projekt S. 22)

PROJEKTE

# ÜBERLEGT GESTAPELT

**Gebäudedaten**

Grundstücksgröße: 625 m²
Wohnfläche: 152 m²
Zusätzliche Nutzfläche:
93 m²
Anzahl der Bewohner: 4
Bauweise: Holztafelbau
Baujahr: 2002
Baukosten pro m² Wohn-
und Nutzfläche: 783 Euro
Eigenleistung: 11.000 Euro
(Parkettverlegung,
teilw. Malerarbeiten,
teilw. Tischlerarbeiten)
Baukosten gesamt:
203.000 Euro
Heizenergiebedarf:
60 kwh/m²a

Auf dem Gelände eines ehemaligen Bauernhofes,
10 Kilometer nordöstlich von Hamburg, wurde dieses
Haus in einer Umgebung mit Einfamilienhäusern vor-
wiegend aus den siebziger Jahren errichtet. Das
schlichte Haus für eine junge Familie besteht aus zwei
quaderförmigen Baukörpern, die, um 90 Grad gegeneinander verdreht, so übereinander gestapelt sind,
dass der untere Baukörper dem oberen eine westorientierte Terrasse bietet, während der obere dem
unteren Schatten spendet.

Vom Eingang im Osten aus gelangt man in ein großzügiges Raumgefüge, in dem Küche, Nassraum und
Treppe zu einem von den Umfassungswänden frei-
gestellten Kern zusammengefasst sind und den Raum
wie selbstverständlich in unterschiedliche, voneinander abgeschirmte Funktionsbereiche trennen.

 Die weitgehend geschlossene Nordseite wurde als
Schrankwand konzipiert. Sämtliche Gebäudeinstalla-
tionen sind in einem einzigen, bis in den Keller durchgehenden Schacht gebündelt. Im Zentrum des Hauses
bildet ein Atrium die räumliche Verbindung der bei-

den Geschosse und trennt im Obergeschoss den
Elternbereich mit separatem Bad vom Kinderbereich,
ebenfalls mit eigenem Bad, ab. Das Kellergeschoss mit
seinen 36,5 Zentimeter dicken Umfassungswänden
aus Kalksandstein-Mauerwerk bietet ein Gästezimmer
mit Tageslicht von Süden und Westen durch eine Ge-
ländemodellierung.

Worin liegt nun das Geheimnis der Wirtschaftlichkeit
dieses Hauses? Der Architekt, aus Kalifornien zurück-
gekehrt, wo er in Los Angeles studiert, gelehrt und
gearbeitet hat, ist mit der Kunst des Entwerfens mit
dem begrenzten Budget einer jungen Familie und
mit minimalem Aufwand eine maximale Wirkung zu
entfalten, vertraut. Das Bauen mit Holz eignet sich
dafür besonders gut, da der Werkstoff relativ leicht ist,
sich gut bearbeiten lässt, hervorragende bauphysika-
lische Eigenschaften besitzt und darüber hinaus eine
außerordentliche Festigkeit aufweist. Daher kann ein
Element der Konstruktion mehrere Funktionen gleichzeitig erfüllen. Die Präzision der vorgefertigten Holztafelelemente erlaubt es ohne Weiteres, Ausbau-

Übereinander gestapelt und um 90 Grad gegeneinander verdreht profitieren die beiden Kuben voneinander – Sonnenschutz und Terrasse entstehen ohne weiteren Aufwand.

Abstrakte und gut durchdachte Proportionen verleihen dem Baukörper eine zeitlose Gestalt.

details zu integrieren. Beispiele in diesem Haus sind die Schrankwand und weitere Einbaudetails wie Regale und Schiebewände oder auch der ausziehbare Sonnenschutz auf der Südseite. Durch die Vorhaltung einer Installationsebene hat man mit der Haustechnik leichtes Spiel.

„Erste Erfahrungen mit dem Baustoff Holz habe ich in den USA und in der Schweiz gesammelt und bin dem Material gegenüber seitdem generell aufgeschlossen", erläutert der Architekt. „Mein Interesse gilt aber in erster Linie der Vorfertigung: Die Möglichkeit, komplette Wandelemente in einer geschützten Halle bei garantierter Trockenheit zu fertigen, ist faszinierend. Die daraus resultierende kürzere Bauzeit und eine

größere Unabhängigkeit vom Wetter, dank der schnellen Errichtung einer wettergeschützten Hülle, sorgen für einen eleganten Bauablauf." So konnte die Familie miterleben, wie ihr Haus im Rohbau vor Ort aus vorgefertigten Holztafelelementen innerhalb von drei Tagen aufgestellt wurde.

Überraschend für den Architekt ist, dass – zumindest in Norddeutschland – ein Holzhaus automatisch in die „Ökoschublade" einsortiert wird: „Ach, Sie haben ein Ökohaus gebaut ... interessant!" Diese Art von Klassifizierung ist ihm zwar durchaus nicht unsympathisch, die Reduzierung der Holzbau-Architektur auf den Aspekt der Nachhaltigkeit jedoch manchmal befremdlich.

Großräumig und lichtdurchflutet wirkt das Innere.

Rechts: Dreh- und Angelpunkt des Hauses ist der zweigeschosshohe Raum in der Gebäudemitte.

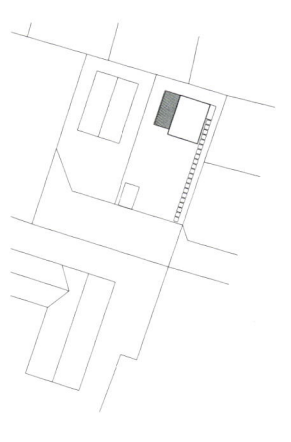

Lageplan

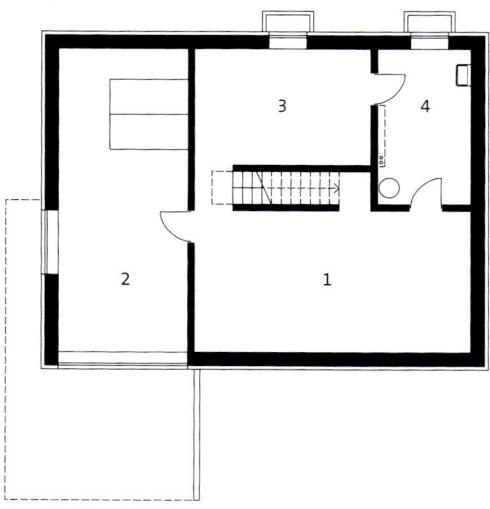

**Keller**
M 1:200

1   Hobby
2   Gast
3   Lager
4   Hausanschluss

**Erdgeschoss**
M 1:200

1   Eingang
2   Essen
3   Wohnen
4   Arbeiten
5   Kochen
6   WC

In der Art einer ausziehbaren Schublade funktioniert der Sonnenschutz im Bereich der Auskragung auf der Südseite.

20

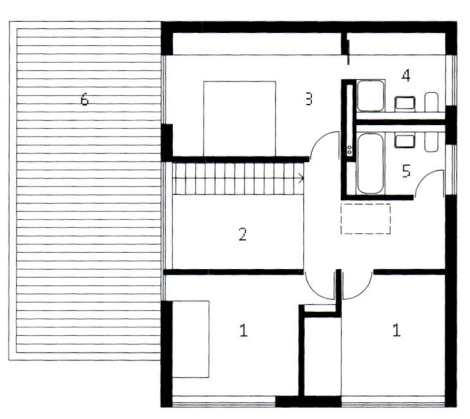

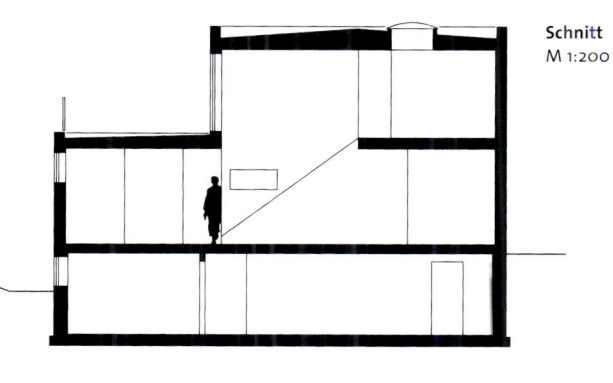

**Obergeschoss**
M 1:200

1 Kind
2 Galerie
3 Eltern
4 WC / Dusche
5 Bad
6 Terrasse

**Schnitt**
M 1:200

Die Explosionsperspektive veranschaulicht die Elementierung des durchdachten Bausystems.

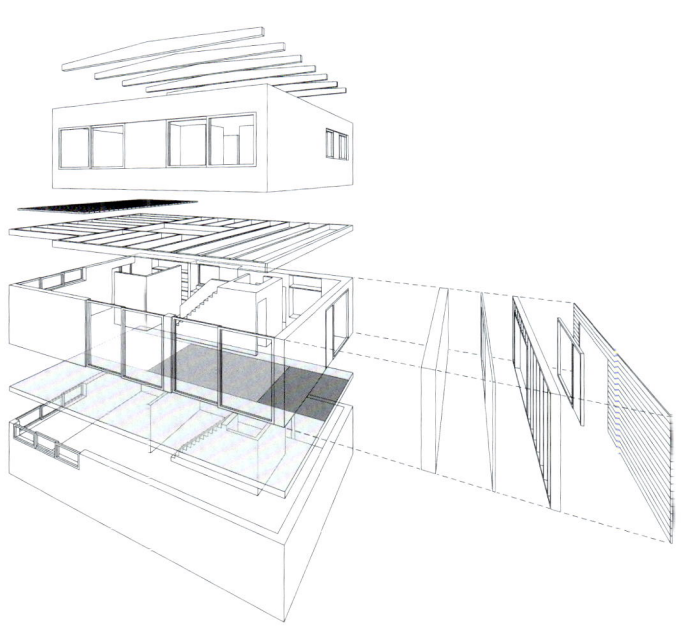

# OHNE SCHNICKSCHNACK

### Gebäudedaten

Teilfläche aus landwirt-
schaftlichem Grundstück
mit gesamt ca. 10.000 m²
Wohnfläche: 185 m²
Zusätzliche Nutzfläche:
40 m²
Anzahl der Bewohner: 5
Bauweise: Holzständerbau
auf STB-Bodenplatte
Baujahr: 2004
Baukosten pro m² Wohn-
und Nutzfläche: 1.430 Euro
Eigenleistung: 5.000 Euro
Baukosten gesamt:
265.000 Euro
Heizenergiebedarf:
14 kWh/m²a

Bereits Ende der neunziger Jahre hatten die Bauherren
am Ortsrand der Ostallgäuer Gemeinde Westendorf
ein landwirtschaftliches Gebäude mit einem schönen
großen Grundstück erworben, das ihren Vorstellungen
vom Leben auf dem Lande entsprach. Umbau und
Sanierung des alten Gehöfts gestalteten sich schwie-
rig und brachten funktionale sowie technische Einschränkungen mit sich. Dennoch konnte der Wohnteil
des alten Bauernhofs in vorbildlicher Weise instand
gesetzt werden. Nach diesem langwierigen und ner-
venaufreibenden Lernprozess entwickelte sich bei den
Bauherren der Gedanke, „einmal im Leben" neu zu
bauen. Mit den gesammelten Erfahrungen waren sie
nun bereit, ein Passivhaus zu realisieren.
Als Bauplatz wurde in Abstimmung mit Gemeinde
und Baubehörde eine Fläche festgelegt, die durch ein
nicht mehr genutztes Fahrsilo bereits verbraucht war.
Ohnehin bestand hier Handlungsbedarf, da die unge-

sicherten Betonwände eine Gefahrenquelle darstell-
ten. Diesen Bestand nutzten die Architekten für die
gewünschte Teilunterkellerung. Die Aussicht auf ein
von Anfang an warmes und trockenes Wohnen, die
mit einem Holzbau am schnellsten und einfachsten
zu verwirklichen war, sprach ebenfalls für das Passivhaus. Anfängliche Skepsis löste allenfalls das Konzept
einer kontrollierten Wohnraumbe- und -entlüftung
aus. Das Argument, ohne konventionelle Heizung aus-
zukommen sowie die Eigenschaften eines hohen
Wohnkomforts mit hervorragender Behaglichkeit
sprachen jedoch eindeutig für das Energiesparmodell.
Als integrierter Windfang wirkt der eingezogene
Zugangsbereich im Osten, der das Haus über einen
kurzen Garderobenflur erschließt. Arbeitszimmer, Bad,
Technikraum und Treppe nehmen etwa die Hälfte des
Erdgeschossgrundrisses ein. Die andere Hälfte ist als
großer, zusammenhängender, südlich orientierter

Momentan ist die Um-
wandlung des ehemaligen
Fahrsilos in einen natürlichen Schwimmteich noch
in Planung.

Eine umgedrehte Boden-Deckelschalung (breites Brett außen) bildet die Wetterhaut der hinterlüfteten Fassade. Im Format und in der regelmäßigen Anordnung der Fensteröffnungen spiegelt sich die geometrische Ordnung des Wandaufbaus.

Angenehme Proportionen, eine äußerst reduzierte Formensprache und die Schönheit der Holzschalung geben dem Baukörper eine zeitlose und verbindliche Gestalt. Die Anordnung der Regenfallrohre hinter der Schalung, jeweils im Eckbereich ist ein wohl überlegtes Detail.

Über die gesamte Breite des Hauses erstreckt sich der Wohn-/Essbereich. Eine schlanke Stahlstütze und ein deckengleicher Stahlträger ermöglichen den weiten Raumeindruck.

Wohn-/Essbereich mit Küchenzeile angelegt. Die Individualräume und das Bad im Obergeschoss sind ebenfalls südorientiert und bieten einen unverbaubaren Ausblick. Übereinander liegende Nassräume, sparsame Erschließungsflächen und eine einfache Führung der Lüftungsleitungen unterstützen das wirtschaftliche Konzept. Wenige und eher kleine Fensteröffnungen durchbrechen die hervorragend gedämmte Gebäudehülle im Osten und Norden. Die großzügigen Fensteröffnungen nach Westen und Süden ermöglichen passive solare Energiegewinne.

Mit vorgefertigten Elementen für Dach, Wände, Decken und Bodenplatte konnte die Grundkonstruktion des Hauses innerhalb von zwei Tagen über dem Fundament aus Stahlbeton errichtet werden. Das Konstruktionsraster von 1,25 Metern entspricht gängigen Plattenmaßen für Rohbau und Ausbau, wobei die

Decke über dem Erdgeschoss auch aus Schallschutzgründen als massive Brettstapeldecke ausgeführt wurde. Nur wenige einfache und möglichst robuste Materialien ohne aufwändige Oberflächenbehandlung bestimmen den Innenraumeindruck: „Wir wollten ein einfaches und kostengünstiges Haus für unsere Familie. Auf ‚Schnickschnack' können wir gut verzichten", erläutern die Bauherren. Feine Details, wie stumpf einschlagende Holztüren und bündig in die Wandoberflächen eingesetzte Sockelleisten, runden den angenehmen Innenraumeindruck ab. „Mit der einfachen Entwurfskonzeption konnten wir die Stärken des Holzbaus voll ausspielen", berichtet der Architekt. „Die naturbelassene Holzoberfläche erleichterte das Einfügen in den Bestand. Mit der Verwendung des Materials Holz zeigen wir unseren Respekt vor der Nachbarschaft."

Lageplan

Als spannender Lebensraum
für die Kinder erweist sich
das Haus mit den hellen,
freundlichen Innenräumen
und der großartigen länd-
lichen Umgebung, die vor
den Fenstern stets präsent
ist.

Schwarze Schieferplatten
sind eine gute Wahl als
Fußbodenbelag für die
Verkehrsflächen.

Der natürlich belichtete
Flur mit praktischen
Schranknischen bietet
viel Stauraum.

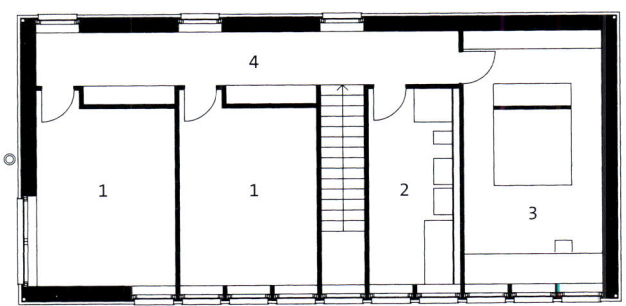

**Obergeschoss**
M 1:200

1  Kind
2  Bad
3  Eltern
4  Flur

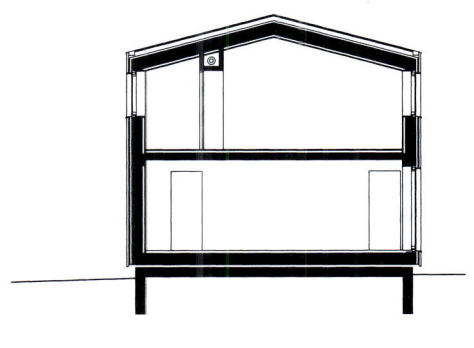

**Schnitt**
M 1:200

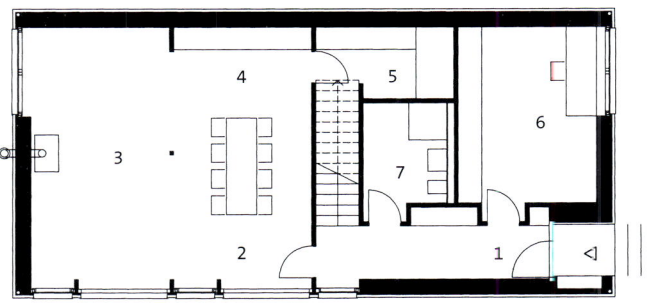

**Erdgeschoss**
M 1:200

1  Eingang
2  Essen
3  Wohnen
4  Kochen
5  Hausanschluss
6  Arbeiten
7  WC/Dusche

# PRÄZISION ALS PROGRAMM

**Gebäudedaten**

Grundstücksgröße: 827 m²
Wohnfläche: 184 m²
Zusätzliche Nutzfläche:
135 m²
Anzahl der Bewohner: 5
Bauweise: Holztafelbau
Baujahr: 2004
Baukosten pro m² Wohn-
und Nutzfläche: 970 Euro
Eigenleistung: 7.000 Euro
(Bodenbeläge)
Baukosten gesamt:
281.000 Euro
Heizenergiebedarf:
40 kWh/m²a

Am südöstlichen Ortsrand von Wiggensbach bildet
eine Kette von Einfamilienhäusern in Aussichtslage
den Übergang zur Landschaft. Die Entscheidung der
Bauherren für dieses Grundstück hing davon ab, ob es
gelingen würde, trotz der Hanglage ein behinderten-
gerechtes Erdgeschoss mit ebenerdigem Eingang und
Terrassenzugang zu realisieren, da die Großmutter
bei der Familie wohnen und vom Neubau profitieren
sollte. In Abweichung zu den Vorgaben des Bebauungsplans gelang es den Architekten, unter geschickter Ausnutzung der Topografie, eine zweigeschossige
Bauweise durchzusetzen. Dies hat nicht nur den
Vorteil eines ebenerdigen, behindertengerechten Zu-
gangs, sondern bietet auch die Möglichkeit der Ausbildung eines ruhigen, an traditionellen Bauformen
orientierten Baukörpers mit Satteldach.
Zum Straßenraum signalisiert ein farbig gefasster
Einschnitt den Eingangsbereich. Über eine geräumige

Diele wird der Wohn-/Essbereich sowie ein separates
Gästezimmer mit Bad erschlossen. Parallel zum Eingang stellt eine Schleuse die Verbindung zur Garage
her. Den freiräumlichen Bedingungen des Grundstücks folgend orientieren sich alle Aufenthaltsräume
nach Südosten zur Gartenseite. Das Obergeschoss bietet vier gleich dimensionierte und damit variabel zu
nutzende Individualräume.
Über einem massiven Keller wurde ein konventionel-
ler Holzständerbau aus heimischem Holz errichtet.
Die Bauwerksgestalt leitet sich aus technisch opti-
mierten Detaillösungen ab: Sie tragen einerseits der
Vorfertigung großformatiger Holztafelelemente Rechnung und dienen andererseits, insbesondere durch
den allseitigen Dachüberstand, dem konstruktiven
Holzschutz. Baubiologisch unbedenkliche Materialien,
die hoch wärmegedämmte Gebäudehülle und die
ausschließlich $CO_2$-neutrale Beheizung mit Scheit-

Das Eckdetail zeigt exem-
plarisch den Charakter der
Holztafelbauweise, der sich
mehr aus flächigen als aus
stabförmigen Elementen
ableitet.

Übereck geführte Fenster-
öffnungen geben dem Bau-
körper skulpturale Präsenz.

Ein ansehnlicher Dachüberstand und großformatige
Schiebeelemente schützen
die Fensteröffnungen auf
der Süd- und Westseite.

Ohne optische Barriere schließt die Landschaft mit Vorgarten an den Wohnraum an.

Fast wie aus dem Vollen gearbeitet wirkt der Baukörper mit plastischen Einschnitten. Wie zur Betonung ist der Eingang farbig gefasst.

holzkessel und unterstützender thermischer Solaranlage tragen zu einem einfachen und effizienten Ökologie- und Energiekonzept bei.

„Im Sinne eines nachhaltigen Bauens ist der nachwachsende Baustoff Holz für uns die erste Wahl", erläutern die Architekten. „Durch unser Engagement im ‚Holzforum Allgäu', das sich der Förderung der regionalen Wertschöpfungskette rund ums Holz verschrieben hat, stehen wir in einem regen Informationsaustausch mit Waldbesitzern, Sägern, Handwerkern etc. Neben den ökologischen, raumklimatischen und haptischen Qualitäten sowie der technischen Herausforderung beim Konstruieren mit Holz interessieren uns vor allem die formalen Möglichkeiten."

Und tatsächlich beinhaltet der Holztafelbau ein konstruktives und gestalterisches Repertoire, dessen Motive, wie Volumeneinschnitte, durchlaufende Fensterbänder und großformatige Öffnungen übereck, bisher nur mit dem Baustoff Stahlbeton realisierbar schienen. Der Holztafelbau gewinnt hier eine seinem Wesen entsprechende Gestalt, deren charakteristischen Merkmale eher dem Bauen mit Flächen als dem Bauen mit stabförmigen Elementen entsprechen. Präzise ausformulierte Dachränder, großzügige Fenster und genau gesetzte Gebäudeeinschnitte lassen einen skulptural gegliederten Baukörper entstehen, dessen unaufdringliche Gesamterscheinung an die regionale Holzbautradition anknüpft.

Das durchgehende Ober-
lichtband über der Küchenzeile erleichtert die Arbeit.

Der Dachüberstand vermit-
telt den Übergang zwischen
innen und außen.

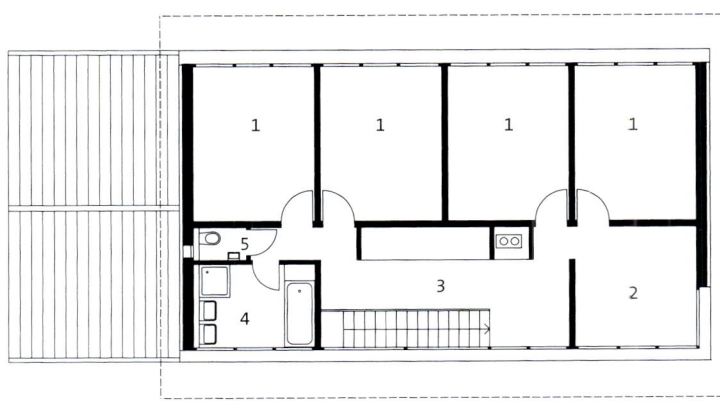

**Obergeschoss**
M 1:200

1   Zimmer
2   Arbeiten/Spielen
3   Flur
4   Bad
5   WC

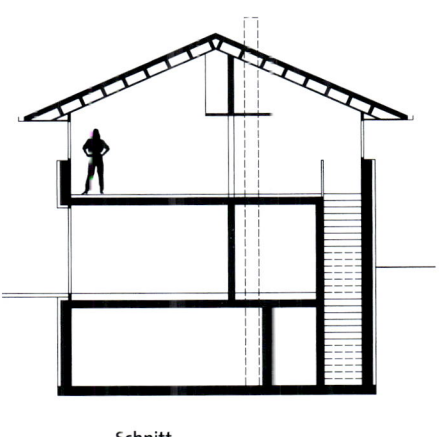

**Schnitt**
M 1:200

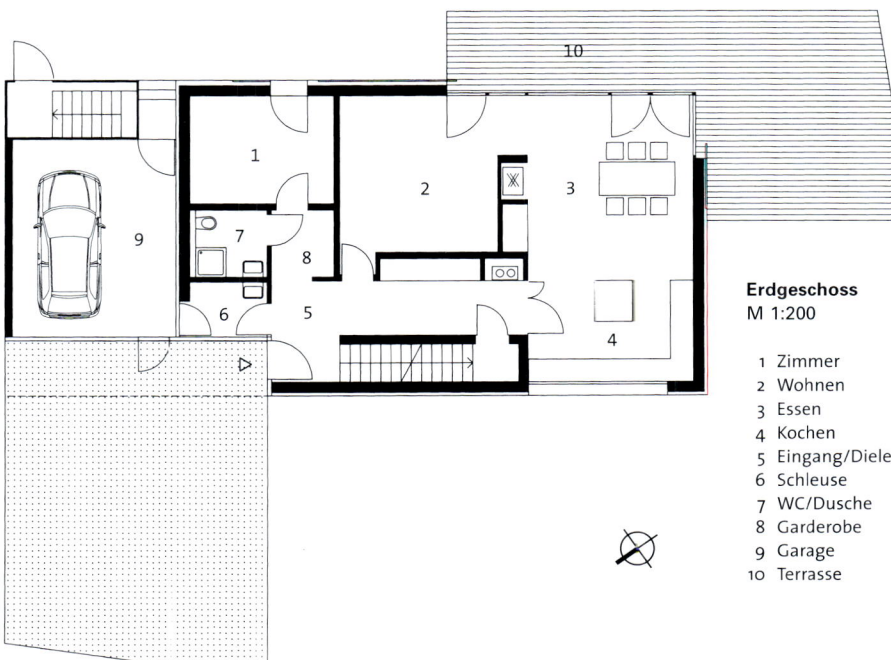

**Erdgeschoss**
M 1:200

1   Zimmer
2   Wohnen
3   Essen
4   Kochen
5   Eingang/Diele
6   Schleuse
7   WC/Dusche
8   Garderobe
9   Garage
10  Terrasse

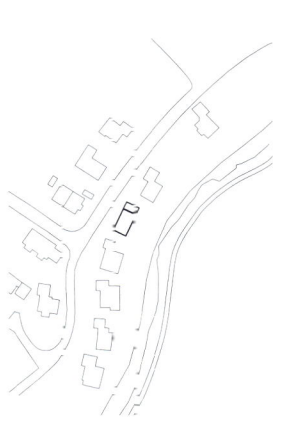

Lageplan

Mischbau in Stuttgart-Sonnenberg
(se)arch, Stuttgart

# DREILAGIGES
# SANDWICH

**Gebäudedaten**

Grundstücksgröße: 540 m²
Wohnfläche: 190 m²
Zusätzliche Nutzfläche:
82 m²
Anzahl der Bewohner: 3
Bauweise: Mischbau
UG: Betonfertigteile
EG: Stahlskelett
OG, DG: Massivholz
Baujahr: 2004
Baukosten pro m² Wohn-
und Nutzfläche: 1.370 Euro
Baukosten gesamt:
373.000 Euro
Heizenergiebedarf:
33 kWh/m²a

Wohnen am Hang ist typisch für Stuttgart, dessen Zentrum in einem Talkessel liegt, der ringsum von bewaldeten Höhenzügen umgeben ist. Der Nachteil einer Bebauung am Hang mit einer vergleichsweise aufwändigen Gründung wird mehr als entschädigt durch herrliche Aussichtslagen. Im Stadtteil Sonnenberg steht dieses Haus als Einziges in seiner Reihe mit der Schmalseite zum Westhang.

Dass es aus der Reihe tanzt, bietet gleich mehrere Vorteile. So ist das flach geneigte Satteldach direkt nach Süden ausgerichtet und damit bestens für die Aufnahme von Solarkollektoren geeignet. Die Orientierung in Hangrichtung erlaubt es, zu den Nachbarn Abstand zu halten und bietet einen attraktiven Zugang über eine Außentreppe, die den Blick auf Streuobstwiesen und den nahe gelegenen Waldsaum lenkt. Durch den gegenüber dem Straßenniveau tiefer gelegten Zugang konnte der Wohnraum auf gleicher Ebene mit dem umgebenden Garten angeordnet werden.

Gleich einem dreilagigen Sandwich ist das Haus aus drei unterschiedlich strukturierten Ebenen aufgebaut. Das Untergeschoss aus Stahlbeton-Fertigteilen stellt die Verbindung zum Baugrund her und nimmt den Hangdruck auf. Ein Stahlskelett aus Walzprofilen ermöglicht die weitgehende Verglasung des extrovertierten Erdgeschosses, während Holztafelelemente der Raumbildung im eher introvertierten Obergeschoss dienen. Dieser strukturelle Wechsel entspricht den unterschiedlichen Funktionen.

Zwischen dem Untergeschoss mit dienenden Funktionen und dem Obergeschoss mit den Individualräumen ist eine zusammenhängende Wohnlandschaft als Großraum aufgespannt. Lufträume verbinden die Geschosse untereinander. Durch eine breite Schiebetür im Eingangsbereich kann die Erschließungszone Wohn-/Essbereich abgetrennt werden. Auch im Obergeschoss ermöglichen wandhohe Schiebeelemente eine flexible Raumaufteilung. Die Individualräume bieten als abgeschlossene Bereiche Rückzugsmöglich-

Schichtverleimte, massive Holztafeln ermöglichen die exakte Vorfertigung einzelner, individuell gestalteter Außenwandelemente, einschließlich der Fensteröffnungen.

Über eine raumhohe Verglasung ist die Wohnebene zum Garten hin geöffnet und stellt als transparenter Sockel einen reizvollen Kontrast zu dem darüberliegenden lärchenholzverschalten Baukörper her.

In der Dämmerung von innen beleuchtet zeigt sich die zweigeschossige verglaste Wohnhalle, deren obere Hälfte bei Tag hinter der Lärchenholzverschalung verborgen bleibt.

Die Treppe im Norden führt zum Hauseingang, vorbei an einem Holzvorrat zur Befeuerung des Holzkaminofens.

keiten für die einzelnen Familienmitglieder, in geöffnetem Zustand erlauben sie Blickbeziehungen durch das ganze Haus. Die Konstruktion des aufgestelzten Obergeschosses besteht aus mehrlagig überkreuz verleimten Brettschichtholzelementen, die als sogenanntes Dickholz eine besondere Art der Fertigteilbauweise darstellen.

Eine sorgfältige Detaillierung machte der Einbau oberflächenfertiger, geschliffener Elemente möglich. Sowohl bei der Stahlskelettkonstruktion des Erdgeschosses als auch beim Obergeschoss konnten die vorgefertigten Elemente innerhalb von nur wenigen Tagen montiert werden. Die Stehfalzdeckung des Daches aus schwarzem Zinkblech harmoniert gut mit der vertikalen Lärchenholzverschalung, die im Obergeschoss im Bereich der Lufträume und des Badezimmers auch vor der Verglasung durchläuft, um Privatheit zu gewährleisten.

Bei der Ausstattung der Räume haben die Architekten auf preisgünstige Materialien geachtet, um den

Kostenrahmen einzuhalten. Nicht gespart, sondern in die Zukunft investiert wurde bei der Haustechnik. „Hier später nachzurüsten wäre teuer", erklärt der Architekt am Beispiel des Erdkanals, der für die Konditionierung der Zuluft nach dem Aushub um das Haus gelegt wurde. Mit einem sorgfältig geplanten Konzept für die Haustechnik konnte dem Wunsch der Bauherren entsprochen werden, unabhängiger von den Energieversorgern zu werden. Von Anfang Mai bis Ende September können die Kollektoren auf dem Dach die Warmwasserversorgung mit Hilfe eines Pufferspeichers im Keller gewährleisten. Während der Heizperiode liefert dieses System noch etwa 50 Prozent der benötigten Heizenergie, unterstützt die Warmwasserbereitung und die Fußbodenheizung. Weitere 50 Prozent der Heizenergie kommen von einem zentralen, holzbefeuerten Kaminofen im Wohn-

bereich. Aufgrund der gut gedämmten Außenhülle ist er in der Lage, das ganze Haus mit behaglicher Wärme zu versorgen. Als Wärmespeicher dient die 1000 Liter fassende Pufferspeicher. „Die jüngste Entwicklung der Energiepreise hat uns in der Entscheidung für ein autarkes Heizsystem Recht gegeben", berichtet der Bauherr.

Holz ist für die Architekten ein Baustoff der Zukunft. Die Massivholzbauweise zeichnet sich, nach ihrer Beurteilung, durch ein hohes Maß an Umweltverträglichkeit aus. Dies gilt sowohl hinsichtlich des Energieverbrauchs bei der Herstellung als auch unter baubiologischen Aspekten. Ein wesentlicher Gesichtspunkt für die Entscheidung mit Holz zu bauen bestand für den Bauherrn darin, keine Feuchtigkeit ins Haus zu bringen: „Im Haus herrschte vom ersten Tag an ein baubiologisch gutes Raumklima."

Oben links: Mehr gliedernd als unterbrechend sorgen die im Raster angeordneten Stahlstützen für einen fließenden Übergang zwischen innen und außen.

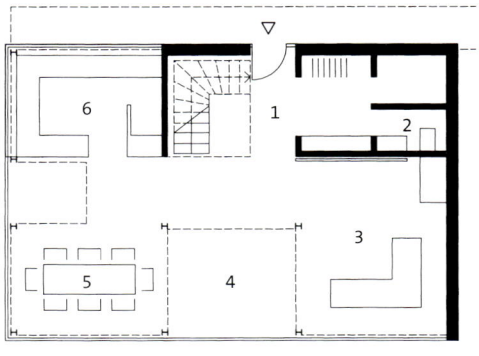

**Erdgeschoss**
M 1:200

1 Eingang / Garderobe
2 WC
3 Wohnen
4 Luftraum
5 Essen
6 Kochen
7 Terrasse

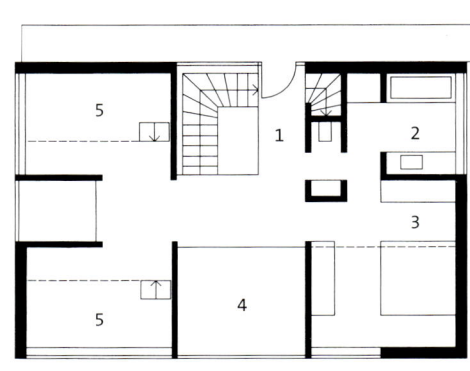

**Obergeschoss**
M 1:200

1 Flur
2 Bad
3 Schlafen
4 Luftraum
5 Kind

Wohnhalle und Treppen-
haus schaffen geschoss-
übergreifende Blick-
beziehungen zwischen
Wohn- und Schlafebene.

Sichtbar belassene Ober-
flächen der Dickholzelemen-
te bestimmen den Raumein-
druck im Obergeschoss.

Gefiltert durch vertikale
Lamellen dringt das Tageslicht in die Wohnhalle ein.

Durchdachte Details
auch in den Nassräumen
zeigen eine durchgängige
Gestaltung.

Lageplan

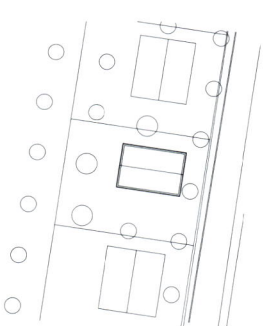

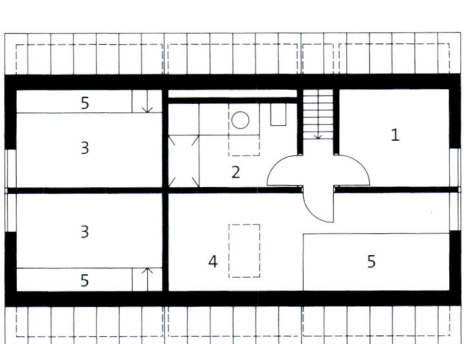

**Dachgeschoss**
M 1:200

1   Abstellraum
2   Bad
3   Empore Kind
4   Empore Eltern
5   Luftraum

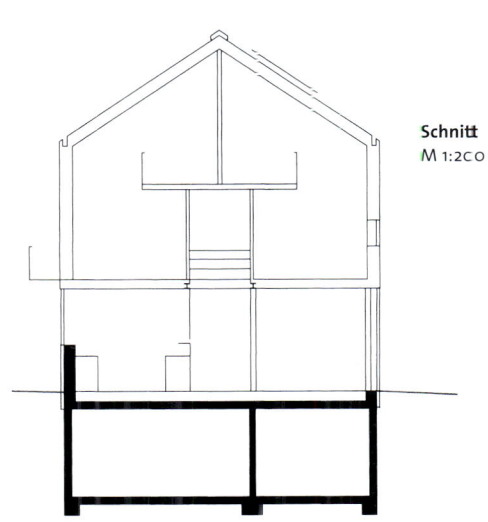

**Schnitt**
M 1:200

# SPIEL MIT LICHT UND SCHATTEN

## Gebäudedaten

Grundstücksgröße: 792 m²
Wohnfläche: 247 m²
Zusätzliche Nutzfläche:
84 m²
Anzahl der Bewohner: 2
Bauweise: Holzrahmenbau
Baujahr: 2002
Baukosten pro m² Wohn-
und Nutzfläche: 1.200 Euro
Baukosten gesamt:
400.000 Euro
Heizenergiebedarf:
70 kWh/m²a

Eine Einfamilienhaussiedlung aus den dreißiger Jahren in Hamburg-Langenhorn, nicht weit entfernt vom Naherholungsgebiet Ragmoors bietet beste Voraussetzungen für ruhiges Wohnen. Ohne die sozialen Strukturen einer über Jahrzehnte gewachsenen Nachbarschaft zu stören, bricht der Neubau die ehemals starre Struktur aus giebelständigen Häusern auf, fügt sich jedoch unter Wahrung der Vorgaben des Bebauungsplans in das Quartier ein.

Die Adresse „Sonnenlinie" wurde gleichsam zum Thema des Hauses, dessen Fassaden das Spiel mit Licht und Schatten thematisieren. Schiebe- und Faltläden vor allen Fenstern ermöglichen eine variable Reaktion auf unterschiedliche Situationen. So wandelt sich zum Beispiel der Ausdruck der Straßenfassade von verschlossen an kalten und heißen Tagen bis hin zur völligen Öffnung an warmen Sommerabenden. Das Haus gewährt dann tiefe Einblicke und kommuniziert

gleichsam mit dem Straßenraum. Auf das Wesentliche reduziert präsentiert sich der Baukörper mit einfachen Formen. Das Erdgeschoss wird dominiert von einer großen Eingangsdiele, um die sich der Wohnbereich, ein Werkraum sowie ein Gästezimmer mit Bad und die Küche mit Abstellraum gruppieren. Zwei Glasschiebetüren trennen die Eingangshalle vom Wohnraum, sodass ein fließender Raumeindruck entsteht. Diese Offenheit charakterisiert auch den Übergang vom Erd- ins Obergeschoss, dessen Privaträume über eine winkelförmige Galerie an den Wohnraum angeschlossen sind.

Ganz dem Motto des Hauses verpflichtet erfolgt die Anbindung des Obergeschosses über eine filigrane Treppenkonstruktion, die das Spiel mit dem Licht aufnimmt. Auf drei Seiten profitieren die Privaträume von einer umlaufenden Dachterrasse. Als reizvoller Kontrast zu den hell und freundlich gestalteten Innen-

Einmal geschlossen und einmal völlig offen zeigt sich das Haus mit beweglichen Fassadenelementen, die situativ auf unterschiedliche Gegebenheiten reagieren können.

Anstelle eines geneigten Dachs werden die Vorgaben des Bebauungsplans mit einem terrassierten Baukörper erfüllt, sodass sich das Haus in die gewachsene Struktur der Nachbarschaft einfügt.

räumen tritt eine Sichtbetonwand, die als Heiz- sowie Installationswand eine monolithische Ausdruckskraft entfaltet. Dem Gedanken der Nachhaltigkeit verpflichtet wurde das Haus weitgehend aus nachwachsenden Baustoffen errichtet. Konstruktives Vollholz, das ohne chemischen Holzschutz auskommt, bildet die tragenden Teile für Wände und Decken. Dämmmung aus Zellulose füllt die Hohlräume der Außenwände. Energetisch multifunktional nimmt die Sichtbetonwand eine zentrale Stellung im Haus ein und kann einerseits als passives Element eingestrahlte Sonnenenergie speichern und andererseits über integrierte Heizschlangen Energie, die durch eine Solaranlage aktiv auf dem Dach des Gebäudes gewonnen wird, an die Räume abgeben. Die Schiebeläden im Südwesten sind ein wirksamer Sonnenschutz und verhindern ein Überhitzen des Hauses. Die Lamellenstellung lässt einen Durchblick zu. Ein gasbefeuerter Niedertemperatur-Brennwertkessel stellt die notwendige Heizenergie zur Verfügung.

Auch bei diesem Projekt erwies sich die Holzrahmenkonstruktion als wirtschaftliche Lösung und ermöglichte aufgrund einer wetterunabhängigen Herstellung der Elemente einen schnellen Aufbau des Hauses. „Holz ist ein wunderbarer Baustoff, der sein Gesicht ohne unser Zutun verändert. So lebt das Gebäude weiter und bleibt kein starres Objekt", erklärt der Architekt, dem auch mit den wechselnden Lichtstimmungen im Haus die Überwindung formaler Starre gelungen ist.

Sägeraues, unbehandeltes Lärchenholz bestimmt die Ansichten des Baukörpers, dessen klare Linienführung eine Beschränkung auf das Wesentliche signalisiert.

Unterschiedliche Formate der Stülpschalung mit schmalen und breiten Brettern beleben die Fassaden.

Rund um die zentrale Halle bilden die einzelnen Funktionsbereiche einen offenen Raumzusammenhang.

Als bewusster Kontrast zur Holzkonstruktion durchzieht eine Sichtbetonwand mit Glasschiebetüren den Raum.

Die Küche fügt sich als Element innerhalb der geräumigen Wohnhalle wie selbstverständlich ein.

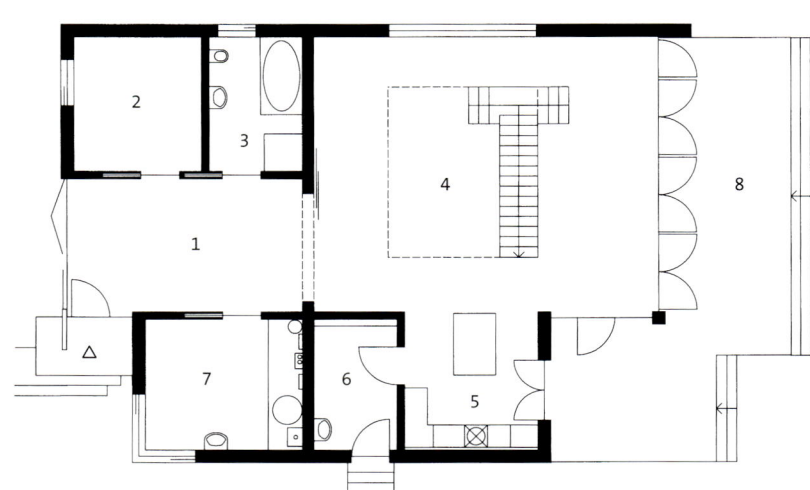

Als eigentliches Zentrum
des Hauses erstreckt sich
die Eingangshalle über zwei
Geschosse.

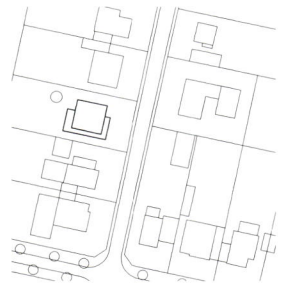

Lageplan

**Erdgeschoss**
M 1:200

1 Eingang / Diele
2 Gast
3 Bad
4 Wohnen
5 Kochen
6 Abstellraum
7 Hausanschluss / Werkstatt
8 Terrasse

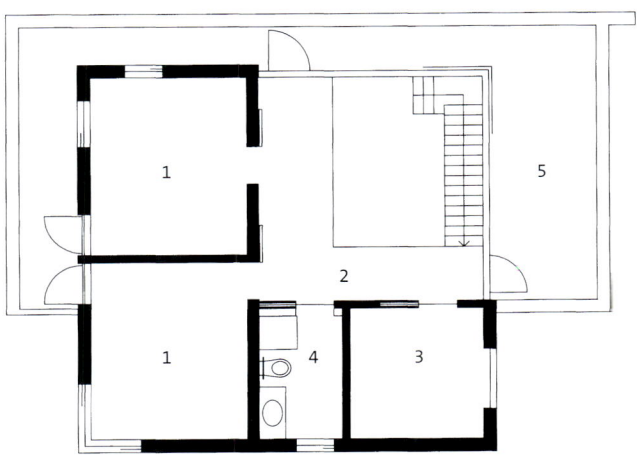

Das Spiel mit Licht und Schatten wird zum durchgängigen Thema. Es beginnt an den Fassaden und vollendet sich an der in den Wohnraum eingestellten Treppe.

**Obergeschoss**
M 1:200

1 Arbeiten
2 Galerie
3 Schlafen
4 WC / Dusche
5 Dachterrasse

**Schritt**
M 1:200

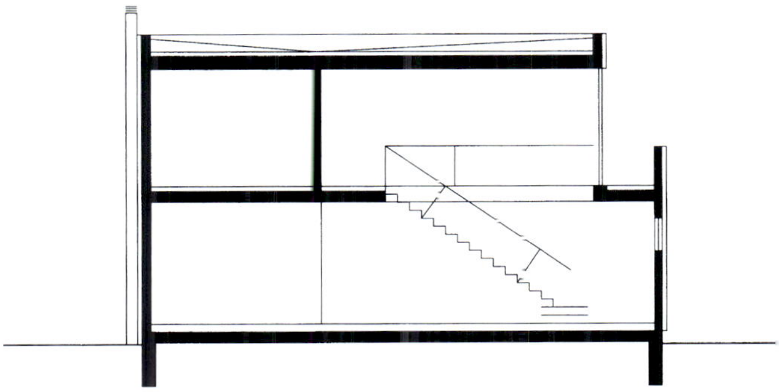

# AUS ALT MACH NEU

**Gebäudedaten**

Grundstücksgröße: 935 m²
Wohnfläche: 309 m²
Zusätzliche Nutzfläche:
61 m²
Anzahl der Bewohner:
5 + Einliegerwohnung
Bauweise: Holzrahmenbau
auf bestehendem massivem
Sockelgeschoss
Baujahr: 2005
Baukosten pro m² Wohn-
und Nutzfläche: 1.184 Euro
Baukosten gesamt:
366.000 Euro
Heizenergiebedarf:
60 kWh/m² a

Als beschaulicher Vorort von Überlingen liegt Nussdorf direkt am Bodensee. „Vor allem auch wegen der Hanglage spürt man den See an vielen Stellen, so auch an unserem Baugrundstück", erläutern die Bauherren, „vor allem im Winter, wenn die Laubbäume am Ufer ein größeres Sichtfenster auf die Alpen und den Bodensee freigeben." Da es in einer derart bevorzugten Lage eigentlich keine bezahlbaren Bauplätze für Neubauten mehr gibt, sahen sie sich gezwungen, in den sauren Apfel zu beißen und ein bereits bebautes Grundstück zu kaufen. Ein Fertighaus aus den frühen sechziger Jahren war vom Raumangebot her indiskutabel für eine fünfköpfige Familie und entsprach mit seinen 10 Zentimeter dünnen Außenwänden in keiner Weise heutigen Anforderungen. Dieses Haus wurde abgetragen; lediglich das massive Kellergeschoss blieb stehen. Wegen der starken Hanglage ragt es halb aus dem Erdreich heraus, musste aber neu abgedichtet und isoliert werden. So bildet das bestehende Sockelgeschoss die Basis für das neue, leichte Holzhaus.

Der Entwurf verleugnet nicht das Thema „aus Alt mach Neu", sondern zeigt den Bestand, der einen dunkelgrauen Putz erhielt und löst ihn von der Holzkonstruktion mit vertikaler Lärchenverschalung ab. Als verbindendes Element dient auf der Südseite eine leichte, vorgestellte Stahlkonstruktion mit Vordach und Balkon. Im Unterschied zum Vorgängerbau ist das neue Haus zweigeschossig und springt gegenüber dem Sockel um 3 Meter zurück. Diese Anordnung erlaubt die ebenerdige Erschließung des großzügigen Wohngeschosses. Hier gliedert die Küche als eingestelltes Element mit einem aus der Fassadenebene vorgeschobenen Küchenerker den Raum in einzelne Bereiche, sodass ohne weitere Unterteilungen die Funktionen Wohnen, Essen und der Eingangsbereich mit der Treppe voneinander gelöst sind. Entsprechend ist das Obergeschoss mit den Privaträumen in zwei

Nach Norden weit heruntergezogen und nach Süden deutlich schmäler bewirkt das asymmetrische Satteldach eine Öffnung des Baukörpers nach Süden.

Als verbindendes Element zwischen dem massiven Sockel und dem zweigeschossigen Neubau dient der vorgestellte Balkon aus schlanken Stahlprofilen.

Auf Fuge gesetzte, vertikale Lärchenholzlamellen unterstreichen die schlanken Proportionen des präzise geschnittenen Baukörpers.

eigenständige Raumeinheiten geteilt, die durch eine offene Galerie untereinander verbunden sind. Im Sockelgeschoss schafft die Platz sparende, hangseitige Anordnung von Kellerräumen und Haustechnik Raum für zwei Kinderzimmer und eine abteilbare Einlieger-wohnung. Vergrößerte Fensterflächen nach Süden lassen attraktive Wohnräume mit Bezug zum Garten entstehen.

Vorgefertigte, 12 Zentimeter tiefe Holzständerwände wurden von innen mit Fermacellplatten – stabile Gips-faserplatten – beplankt. Zur Vermeidung von Wärme-brücken bildet eine zweite Lage horizontal angeord-neter Kanthölzer ebenfalls Gefache zur Einbringung der Wärmedämmung, sodass die Dämmschicht der Außenwände insgesamt 24 Zentimeter beträgt. Als Wetterschale dient eine hinterlüftete Lärchenholz-verschalung mit vertikalen Leisten. Das Dach ist mit anthrazitfarbenen Dachschindeln aus Faserzement gedeckt und wird durch eine bündig in die Wand ein-gelassene Kastenrinne begrenzt. „Erst durch diese Maßnahme wurde das Haus zu einem kubischen Ganzen, ohne überflüssige Aufgeregtheiten", so der Architekt.

Neben all dieser Einfachheit und Reduktion erlaubte man sich aber doch, mit der Haustüre, den Schiebe-läden und der Küchenbox, neben den sonst vorherr-schenden Grau- und Holztönen, einen reizvollen wein-roten Farbakzent zu setzen. Ansonsten erhält das Haus Farbigkeit und Leben von alleine durch die Be-wohner, die sich inzwischen schon nicht mehr vorstel-len können, einmal woanders gewohnt zu haben.

Wie ein eingestelltes Möbel gliedert der Küchenblock den zusammenhängenden Wohn-/Essbereich.

**Schnitt**
M 1:200

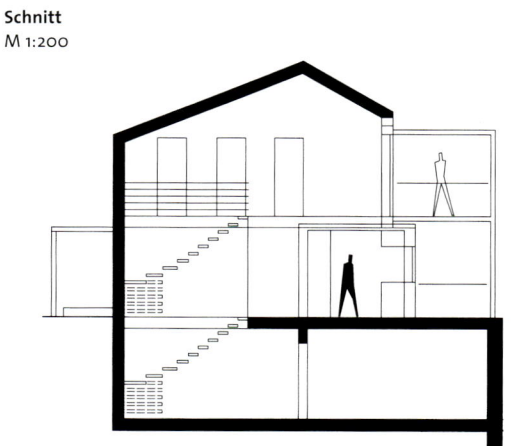

**Untergeschoss**
M 1:200

1 Heizung /
  Hausanschluss
2 WC / Dusche
3 Keller
4 Weinkeller
5 Kind
6 Büro
7 Teeküche

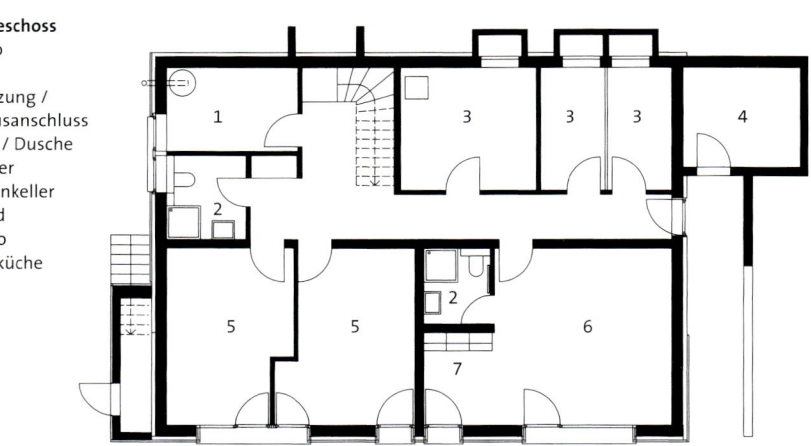

Der große Wohnraum wird durch einen blockartigen, holzbefeuerten Ofen räumlich zoniert.

Aus der Fassadenebene herausgerückt setzt der Küchenerker einen farbigen Akzent in der Südfassade.

Die Holztreppe im Eingangsbereich führt elegant in das Obergeschoss.

Lageplan

**Erdgeschoss**
M 1:200

1 Eingang / Garderobe
2 WC
3 Hauswirtschaft
4 Wohnen
5 Kochen
6 Essen
7 Terrasse
8 Carport
9 Abstellraum
10 Garage

**Obergeschoss**
M 1:200

1 Bad
2 Steg
3 WC / Dusche
4 Gast
5 Schlafen
6 Arbeiten
7 Galerie
8 Kind
9 Terrasse

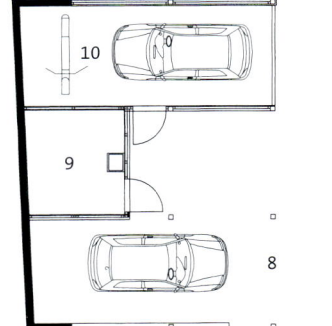
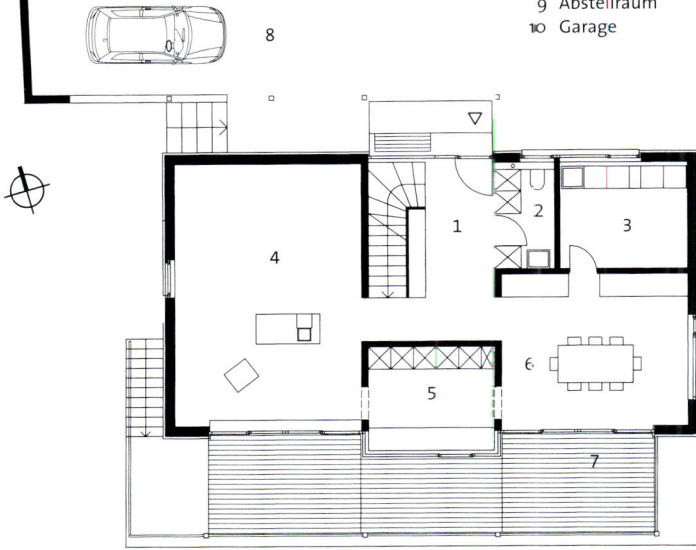

43

# WOHNEN IM BAUCH DES WALS

**Gebäudedaten**

Grundstücksgröße: 1.052 m²
Wohnfläche: 112 m²
59 m² (Einliegerwohnung)
Zusätzliche Nutzfläche:
27 m²
Anzahl der Bewohner: 2
Bauweise: Holztafelbau
Baujahr: 2003
Baukosten pro m² Wohn-
und Nutzfläche: 1.420 Euro
Baukosten gesamt:
281.000 Euro
Heizenergiebedarf:
70 kWh/m²a

Ein großes Waldgrundstück im Schutz einer Hügel-kuppe, die zu den letzten Ausläufern des Taunus gehört, bot beste Voraussetzungen, den Wunsch der Bauherrin nach einem Haus im Grünen zu erfüllen. „Das nach Süden sich öffnende, geneigte Grundstück war ideal auf allen Ebenen, viel Licht und Wärme ins Haus zu lassen, um es im Norden möglichst zu schlie-ßen", berichtet sie. Die beiden auf dem Grundstück bereits vorhandenen Elemente Holz – in Form des lich-ten Baumbestands – und Magerwiese als natürliche Vegetation zwischen den Bäumen bestimmen unmit-telbar den Entwurf des Hauses. „Beide Elemente sind für mich sehr intensiv mit allen Sinnen in den ver-schiedenen Jahreszeiten erfahrbar und von daher mehr als bloße Baustoffe für Dach und Wand."
Bei weitestgehender Erhaltung des Baumbestands sollte der natürliche Charakter des Grundstücks be-wahrt werden. Mit seiner Konstruktion aus Holz, dem Gründach und der großflächigen Verglasung fügt sich das Haus in seine Umgebung ein. Mit einer großen Wellenbewegung löst sich der Baukörper vom Wald-boden ab und ist so in das vorhandene Gelände hinein modelliert. Die Hanglage wird für die Belichtung einer Einliegerwohnung im Sockelgeschoss genutzt. Nach Süden vollkommen geöffnet, kommuniziert das Haus auf allen Ebenen mit dem Außenraum. Das Innere ist charakterisiert durch Sichtbeziehungen und fließende Übergänge zwischen den Räumen. Carport und Ein-gangsbereich im Norden bilden den Auftakt für das schwungvolle Wohnerlebnis, das im Erdgeschoss mit Küche, Essplatz, Bad und Arbeitszimmer seinen Aus-gang nimmt, um im Obergeschoss in ein Wohn-/Schlafabteil mit Wintergarten einzumünden. Gleich einem Kiemendeckel löst sich das Treppenhaus von der fischförmigen Silhouette des Hauses ab. Durch dieses leichte Verschwenken entsteht im Inneren eine dynamische Raumfolge, die mit der geschwungenen äußeren Form harmoniert.
Das Sockelgeschoss aus Stahlbeton-Fertigteilen mit Einliegerwohnung und Nebenräumen trägt die beiden darüberliegenden Geschosse in Holzständerbauweise. Die Herstellung der vorgefertigten Holztafelelemente erfolgte über ein CAD-gesteuertes Abbundsystem im Werk. Innerhalb kurzer Zeit konnten die einseitig beplankten Fertigteile vor Ort montiert werden. Mit seiner geschwungenen Traufe ist das Haus auch ein Beispiel für die Formbarkeit des Werkstoffs Holz. Ein gebogener Träger aus brettschichtverleimtem Holz bildet den präzisen Abschluss am Übergang von Dach und Wand. Auf eine Vorsatzschale im Inneren wurde

In einer Wellenbewegung hebt sich das Haus aus der Waldlichtung ab.

Außenliegende Lamellenraffstores sind ein wirksamer Sonnenschutz für die vollverglaste Südfassade.

Als „Walfisch" bezeichnen die Nachbarn im Dorf das Haus mit der ungewöhnlichen Silhouette am Waldrand.

45

Das Wohnerlebnis kulmi-
niert in der gebogenen,
vollverglasten Südfassade.

An den Schiffbau erinnert
die Südfassade mit ihrem
stählernen Längsspant und
Querspanten aus Sperrholz.

verzichtet, sodass die OSB-Platten eine fertige Oberfläche als Raumabschluss bilden. Als Außenschale
wurde eine Fassadenbekleidung aus Lärchenholzlatten gewählt. Die Idee des ökologischen Bauens bestimmt nicht nur Material und Konstruktion, sondern
bezieht sich auch auf die haustechnischen Anlagen
mit einer Holzpelletheizung und einer Solaranlage zur
Warmwasserbereitung.

Begeistert äußert sich die Bauherrin über ihr Haus
am Waldrand: „Es ist immer wieder wunderbar, nach
Hause zu kommen in den ,Walfisch', wie die Leute aus
dem Dorf das Haus genannt haben – vielleicht nicht
nur wegen der Form, sondern auch wegen der Assoziation von Geborgenheit."

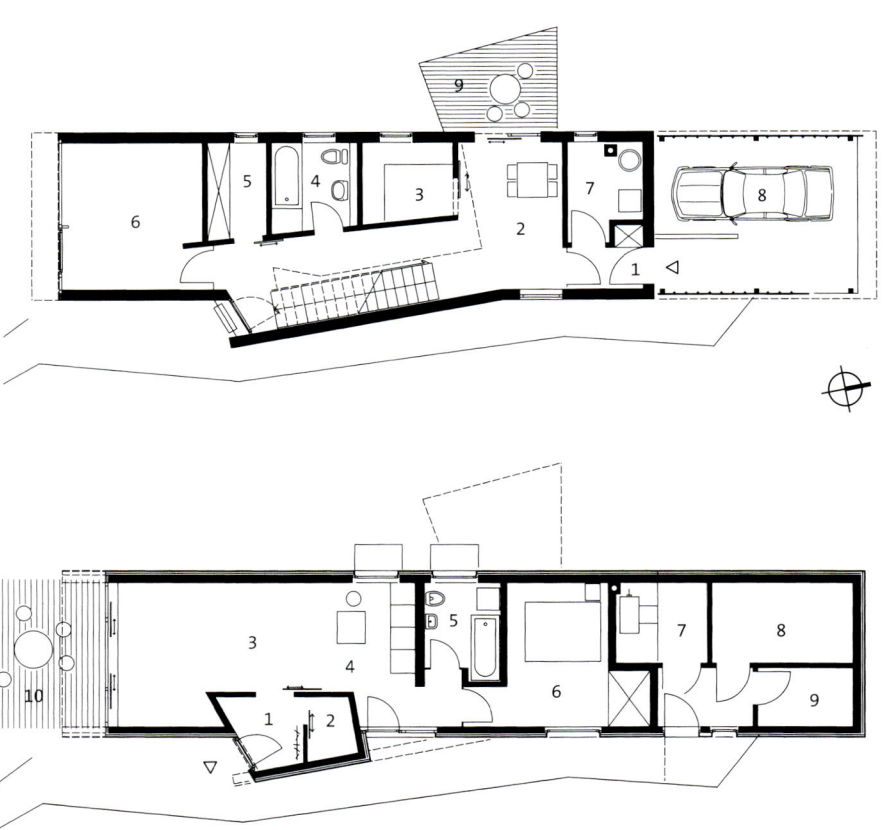

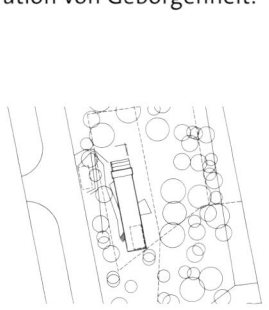

Lageplan

Der Treppenlauf ins Ober-
geschoss erweitert den
schmalen Querschnitt des
Hauses.

Ununterbrochene Blick-
achsen tragen zu einem
großzügigen Innenraum-
eindruck bei.

**Erdgeschoss**
M 1:200

1 Eingang / Windfang
2 Essen
3 Kochen
4 Bad
5 Abstellraum
6 Arbeiten
7 Hausanschluss / Abstellraum
8 Garage
9 Terrasse

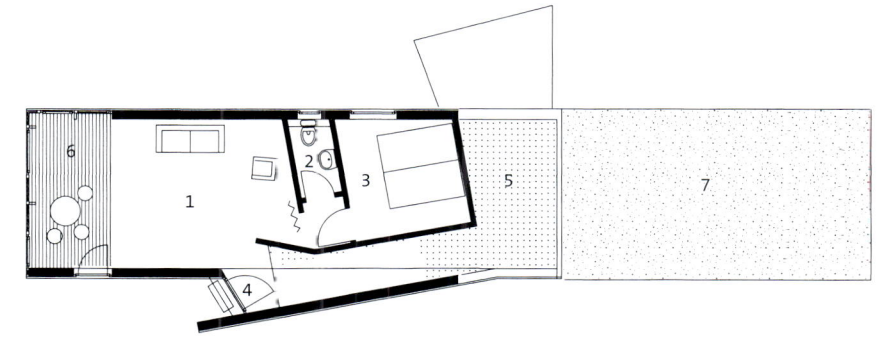

**Obergeschoss**
M 1:200

1 Wohnen
2 WC
3 Schlafen
4 Flur
5 Luftraum
6 Wintergarten
7 Gründach

**Untergeschoss, Einlieger**
M 1:200

1 Eingang / Windfang
2 Abstellraum
3 Wohnen
4 Kochen
5 Bad
6 Schlafen
7 Hausanschluss
8 Holzpellet-Lager
9 Geräte
10 Terrasse

**Schnitt**
M 1:200

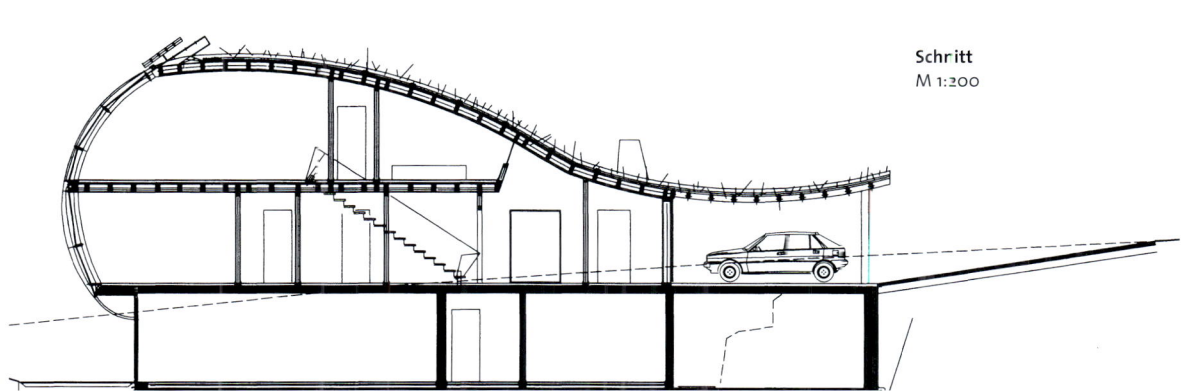

# ZURÜCK ZUR NATUR

**Gebäudedaten**

Grundstücksgröße:
ca. 9.000 m²
Wohnfläche: 130 m²
Zusätzliche Nutzfläche:
44 m²
Anzahl der Bewohner: 2
Bauweise: Holzrahmenbau;
Natursteinkeller
Baujahr: 2003
Baukosten pro m² Wohn-
und Nutzfläche: 1.046 Euro
Baukosten gesamt:
182.000 Euro
Heizenergiebedarf:
12 kWh/m²a
entspricht 156 l/a Heizöl
Primärenergiebedarf:
94 kWh/m²a

In märchenhafter Lage, fernab von Lärm und Hektik der Zivilisation liegt dieses Haus in der Nähe von Stadtilm in Thüringen inmitten von bewirtschafteten Wiesen und Waldflächen. Vor etwa sieben Jahren hatte das Bauherrenpaar das Gartengrundstück mit einem stark sanierungsbedürftigen Gebäudebestand als Wochenendsitz für sich entdeckt. Mehrfach von Einbrechern heimgesucht standen die Bauherren vor der Frage, das Grundstück entweder aufzugeben oder es zu einem dauerhaften Wohnsitz zu entwickeln. Letzteres erwies sich als keine einfache Aufgabe, wenn man bedenkt, dass der Standort weitab vom Schuss liegt und fern von alldem ist, was das Leben erleichtert. Als Architekt nahm der Hausherr die Herausforderung an und lieferte den Beweis, dass man relativ autark wohnen kann.

Der Entwurf des Hauses ist äußerst einfach und orientiert sich an einem für die Region typischen Dreiseitenhof. Das Wohnhaus besteht aus einem winkelförmigen, nach Süden gerichteten erdgeschossigen Baukörper, zu dem sich im Norden ein Wirtschaftsgebäude mit Werkstatt, Technik- und Arbeitsraum gesellt. Mit einfachsten Mitteln entsteht eine geschützte Hofsituation, die sich wie selbstverständlich in die Landschaft einfügt. Diese Zurückhaltung, die Verwendung natürlicher Materialien und einfacher Formen, bestimmen die Qualität des Ensembles. Unterschiedliche Oberflächen charakterisieren die drei Flügel der Anlage. Der südorientierte Wohntrakt erhielt eine Holzverschalung, wobei die Südseite vollständig verglast ist. Eine Schale aus Trockenmauerwerk bekleidet den im Westen anschließenden Trakt

Als Ensemble von drei Gebäudeflügeln präsentiert sich diese Oase für eine Familie im thüringischen „Outback".

Eins in eins mit der Natur präsentiert sich das erdgeschossige Haus. Eine Mehrscheiben-Sonnenschutzverglasung im Süden reflektiert die Umgebung und dient zudem als passiver Wärmekollektor.

Ungestörte Aussicht genießt man auf bewirtschaftete Wiesen, Felder und Wälder.

Nur eine Glaswand trennt den Wohnraum von der freien Natur.

Der nach Süden orientierte Wohnbereich wird vom Sonnenlicht durchflutet.

mit zwei Schlafzimmern und einem Technikabteil. Der nördliche Wirtschaftsflügel ist aus Lehmziegeln errichtet und erhielt eine Lehmputzfassade. Flach geneigte Pultdächer mit allseitigem Dachüberstand tragen zur unauffälligen Erscheinung der Baukörper bei. Der Eingangsbereich mit Bad dient als Scharnier zwischen den beiden Wohnflügeln.

Trockenmauerwerk, Holzschalungen, Lehmziegel und Lehmputz als sichtbare, das Gebäude mit der Erde verbindende Materialien deuten in keiner Weise an, dass in diesem Haus jede Menge „Hightech" steckt, die es den Bewohnern ermöglicht, abgenabelt von den Versorgungsnetzen der Zivilisation in freier Natur zu leben. „Der einfachste Weg, Energie zu sparen, ist die Wärmeverluste so gering wie möglich zu halten", erläutert der Bauherr. Deshalb wurde das Gebäude im Passivhausstandard erstellt. Eine Reihe von Maßnahmen ersetzen den fehlenden Anschluss des Hauses an

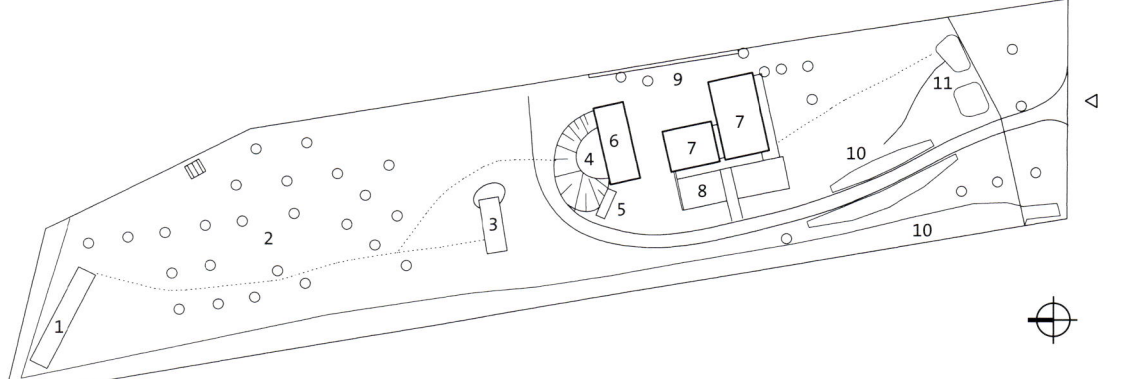

**Lageplan**

1 Fotovoltaikanlage
2 Streuobstwiese
3 Schwimmteich
4 Zisterne
5 Thermische Solaranlage
6 Wirtschaftsgebäude
7 Wohnhaus
8 Kräutergarten
9 Trockenmauer
10 Steinlesehecke
11 Pflanzenkläranlage

das Versorgungsnetz. Die kontrollierte Lüftung mit Wärmerückgewinnung und vorgeschaltetem Erdwärmetauscher stellt die Frischluftversorgung der Bewohner sicher. Die Heizung erfolgt im Zusammenwirken einer thermischen Solaranlage und eines Holzvergaserkessels mit Pellet-Option. Im Winter wird ein Warmwasserschichtenspeicher zur Nacherwärmung der Lüftung herangezogen. Mehr Strom als benötigt wird von einer Fotovoltaikanlage am Wald-

rand geliefert. Für die Wasserversorgung wird Regenwasser gesammelt und in einer Filteranlage aufbereitet. Eine Kompost-Toilette reduziert die Abwassermenge auf ein Minimum, wobei das Grauwasser in einer Pflanzenkläranlage gereinigt und anschließend in einem Teich verdunstet wird. Hier schließt sich der natürliche Kreislauf des Wassers und bietet Molchen, Fröschen und Insekten neuen Lebensraum.

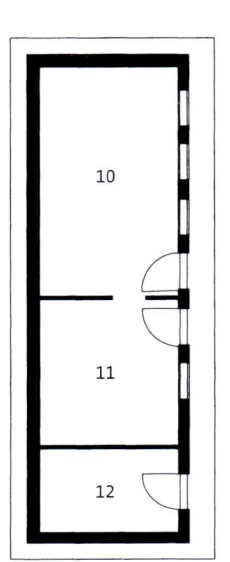

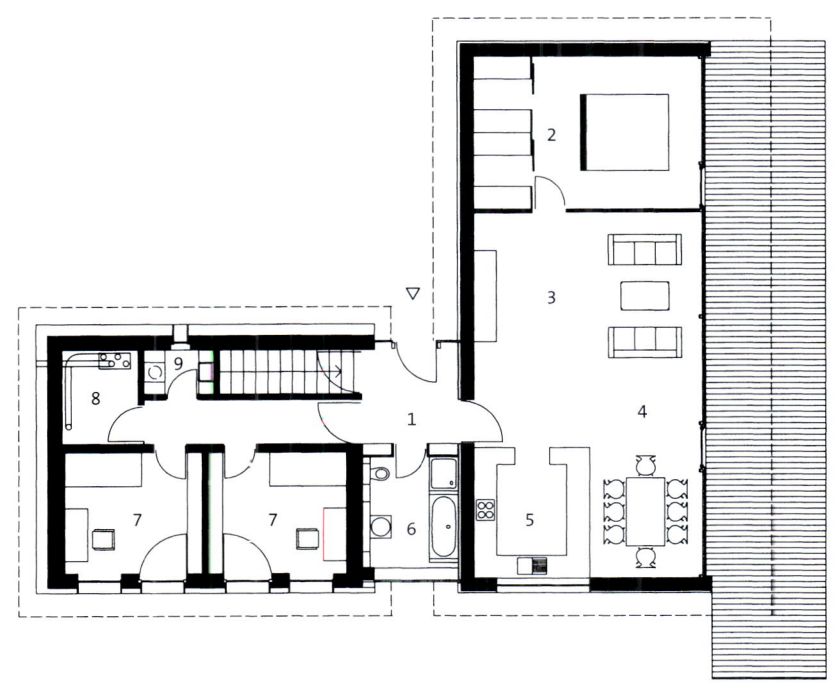

**Erdgeschoss**
M 1:200

1 Eingang / Windfang
2 Schlafen
3 Wohnen
4 Essen
5 Kochen
6 Bad
7 Zimmer
8 Hausanschluss
9 WC
10 Werkstatt
11 Haustechnik
12 Arbeiten

# FLEXIBLES RAUMGEFÜGE

**Gebäudedaten**

Grundstücksgröße: 419 m²
Wohnfläche: 230 m²
Zusätzliche Nutzfläche:
30 m²
Anzahl der Bewohner: 4
Bauweise: Holztafelbau
Baujahr: 2004
Baukosten pro m² Wohn-
und Nutzfläche: 1.230 Euro
Eigenleistung:
Malerarbeiten
Baukosten gesamt:
320.000 Euro
Heizenergiebedarf:
70 kWh/m²a

Am Stadtrand von Emmendingen, dort wo im Weichbild gebauter Strukturen Sondernutzungen den Übergang zur Landschaft bilden, liegt das Grundstück in unmittelbarer Nähe zu den städtischen Gärtnereien mit Gewächshäusern. Um auf der Südseite eine zusammenhängende Gartenfläche zu schaffen, folgt der lange, schmale Baukörper dem Zuschnitt der Parzelle. Die maximale Bebauung des Grundstücks erforderte eine präzise Zonierung des zweigeschossigen Gebäudes mit Dachetage.

Im Norden bilden Erschließung und Nebenräume eine Funktionsspange, während alle Wohnräume nach Süden orientiert sind. Das in Streifen gegliederte Funktionsschema wird im Süden von einem durchgängigen vorgestellten Balkon abgeschlossen. Das Raumangebot im Erdgeschoss bleibt den Kindern vorbehalten und beinhaltet die Möglichkeit einer zukünftigen Nutzung als Arztpraxis mit separatem Eingang. Die Außentreppe auf der Nordseite erschließt den Wohnbereich der Familie. Über die interne Treppe sind alle drei Ebenen untereinander verbunden. Unter dem Dach befinden sich die Privaträume der Eltern. Hier erweitert sich der Balkon zu einer riesigen holz

gedeckten Dachterrasse. Von Geschoss zu Geschoss wirkt das Haus großzügig und filigran, wobei die Wohnqualität der Innenräume jeweils durch zugeordnete Außenbereiche gesteigert wird. Die innige Verbindung von Innen und Außen sowie die Überwindung eines auf einzelne Geschosse reduzierten Wohnraums schaffen ein völlig neues Raumerlebnis. Gefasst von filigranen Tragelementen aus Holz und Stahl scheinen die einzelnen Funktionsbereiche fließend ineinander überzugehen. Andererseits erlaubt das flexible Raumkonzept die Abtrennung einzelner Räume durch Schiebewände.

Im Bereich der Außenwände übernehmen abwechselnd vorgefertigte Holztafelelemente und eine schlanke Pfosten-Riegel-Konstruktion aus Holz die Lasten aus den freispannenden Brettschichtholz-Flachdecken. Die vollverglaste Südfassade ist vollständig in eine Pfosten-Riegel-Konstruktion aufgelöst. Diese Tragstruktur wird im Inneren, dort wo große Spannweiten es erfordern, durch Stützen und Träger aus Stahl ergänzt. Lediglich für die Bodenplatte und den Anschluss an die Geländestufe im rückwärtigen Bereich wurde Stahlbeton verwendet.

In drei unterschiedliche Funktionszonen aufgeteilt fügt sich das Haus feingliedrig in die Nachbarschaft der Gewächshäuser.

Luftig und vor Einblicken geschützt wirkt die große Dachterrasse wie ein Wohnraum im Freien.

Schatten und jede Menge
Platz liefert der Südbalkon.

Gläserne Schiebetüren im
Dachgeschoss teilen den
Arbeitsbereich ab.

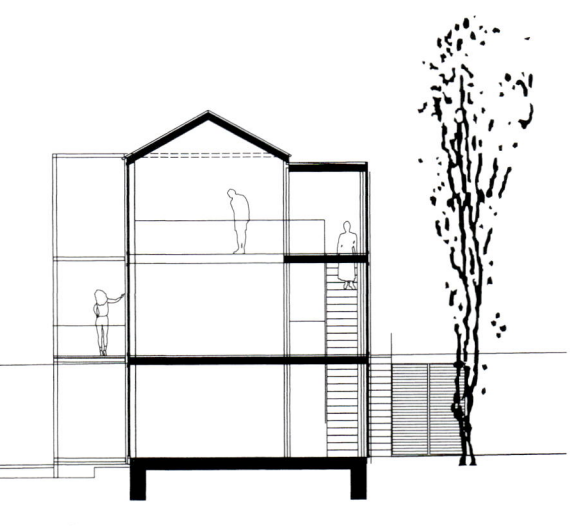

**Schnitt**
M 1:200

Lageplan

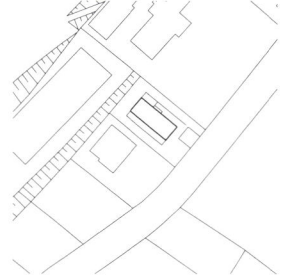

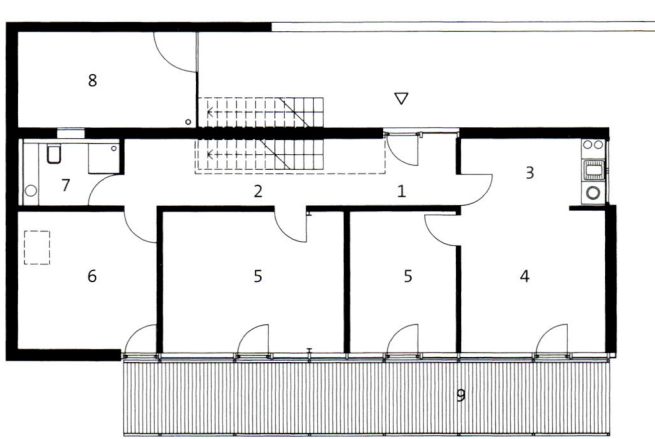

**Erdgeschoss**
M 1:200

1 Eingang Einliegerwohnung
2 Flur
3 Kochen
4 Essen / Wohnen
5 Zimmer
6 Heizung
7 WC / Dusche
8 Abstellraum
9 Terrasse
10 Carport

Die Verglasung im Süden eignet sich hervorragend für die passive Solarenergienutzung. Im Winter und den Übergangsjahreszeiten sind Energiegewinne durchaus willkommen. Im Sommer bildet der vorgestellte Balkon aus äußerst schlanken Stahlprofilen einen sehr wirksamen Sonnenschutz gegen das steil einfallende Licht der Südsonne.

Eine Erdwärmepumpe dient als Wärmequelle für die Fußbodenheizung, die mit extrem niedrigen Vorlauftemperaturen betrieben werden kann. Die Solaranlage auf dem geneigten Dach dient der Brauchwassererwärmung. Schließlich rundet eine Zisterne, in der Regenwasser nicht nur für die Gartenbewässerung sondern auch für die WC-Spülung gesammelt wird, das ökologische Konzept ab. Die durchdachte Konstruktion, bei der unterschiedliche Materialien der jeweiligen spezifischen Anforderung entsprechend zusammenwirken, ist nicht nur wirtschaftlich, sondern auch ökologisch vorbildlich.

Die konsequente Verzahnung von Innen und Außen sowie die räumliche Durchdringung der Wohnebenen ermöglicht ein neues Raumerlebnis.

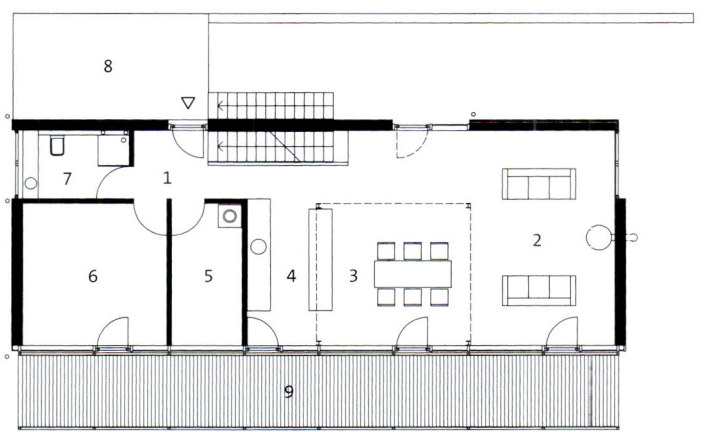

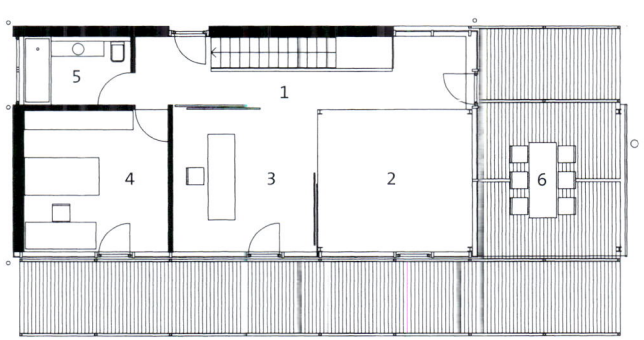

**Obergeschoss**
M 1:200

1 Eingang / Garderobe
2 Wohnen
3 Essen
4 Kochen
5 Hauswirtschaft
6 Schlafen
7 WC / Dusche
8 Dachterrasse
9 Balkon

**Dachgeschoss**
M 1:200

1 Galerie
2 Luftraum
3 Arbeiten
4 Zimmer
5 Bad
6 Dachterrasse

# KOMPAKTES RAUMWUNDER

## Gebäudedaten

Grundstücksgröße: 475 m²
Wohnfläche: 131 m²
Zusätzliche Nutzfläche:
68 m²
Anzahl der Bewohner: 2
Bauweise: Holzrahmenbau
Baujahr: 2004
Baukosten pro m² Wohn-
und Nutzfläche: 1.030 Euro
Eigenleistung:
ca. 32.000 Euro
Baukosten gesamt:
202.000 Euro
Heizenergiebedarf:
60 kWh/m²a

Auf 9 mal 9 Metern Grundfläche markiert dieses kompakte Haus den Ortseingang von Aitrach an der Iller. Glücklicherweise war das Grundstück der Eltern der Bauherren groß genug, sodass durch Realteilung ein Bauplatz gewonnen werden konnte. Die Aufgabe der Architekten bestand in der optimalen Ausnutzung des Grundstücks und Einfügen des Neubaus ohne wesentliche Beeinträchtigung des bestehenden Hauses. Dicht an die Straße gestellt springt der Neubau aus der Bauflucht vor, wodurch das vorhandene Gebäude weniger verschattet wird und eine größere, südorientierte Gartenfläche entsteht. Die Garage als Zwischenbau verbindet die beiden Wohnhäuser und schafft zwei getrennte Gartenflächen.

Mit flachem Satteldach, ohne Auskragungen und Überstände, dafür mit scharfkantig eingeschnittenen Fassadenöffnungen tritt der glattflächige Kubus mit einer makellosen, senkrecht montierten Nut-und-

Feder-Schalung aus sibirischer Lärche in Erscheinung. Auch im Inneren wird der Charakter eines Holzbaus nicht verleugnet. Geöltes Lärchenholz als Bodenbelag und die sichtbar belassene Brettstapeldecke führen die Holzoberfläche weiter. Lediglich die Wände setzen sich mit weißem Putz ab. Präzise Holzrahmen betonen Türen und Fenster. Mit großen Glasflächen reagiert der Grundriss auf die unterschiedlichen Gartenzonen. Küche sowie Essplatz sind nach Süden und Westen orientiert, der Wohnraum erhält eine zusätzliche Verbindung zum Vorgarten auf der Nordseite. Als flexible Elemente bieten Schiebetüren in Verbindung mit der raumteilenden Treppe die Möglichkeit, die einzelnen Bereiche individuell zu nutzen. Das Obergeschoss ist auf Familienzuwachs angelegt und umfasst neben dem Elternschlafzimmer mit Ankleide zwei weitere Räume sowie ein großzügiges Bad. Als Niedrigenergiehaus wird der KFW60-Standard erfüllt. Mit einer

Fugenlos und stumpf gestoßen bilden vertikal angeordnete Lärchenholzbretter eine geschlossene, gestreifte Oberfläche, die der kompakten Erscheinung des Hauses gut ansteht.

Auf der rückwärtigen Südseite bildet die winkelförmig angeordnete Terrasse vor dem Wohnraum einen sehr privaten Freibereich. Der Garagenbau mit integrierter Kaminnische schirmt diesen zum Nachbargrundstück ab.

Gesamtdämmstärke von 26 Zentimetern im Bereich der Außenwände und von 30 Zentimetern im Dach wird der notwendige Wärmedurchlasswiderstand erreicht. Als Besonderheit dieser Holzrahmenbauweise führt der Architekt die gute Möglichkeit der Eigenleistung bei der Komplettierung an: „Die Firmen erstellen mit Wand-, Dach- und Fensterelementen eine luft- und wetterdichte Hülle. Durch den diffusionsoffenen Wandaufbau kommt man ohne Folien aus und der Bauherr kann in Eigenleistung den kompletten Innenausbau selbst bewerkstelligen. Im vorliegenden Fall hat der Bauherr auch die Außenhülle

Mit präzisen Raumkonturen und weiß gehaltenen Wänden entzieht sich der Innenraum der Assoziation einer „Holzschachtel".

Raumübergreifende Schiebefenster unterstreichen den fließenden Charakter im Inneren und beziehen sogar die holzgedeckte Terrasse mit ein.

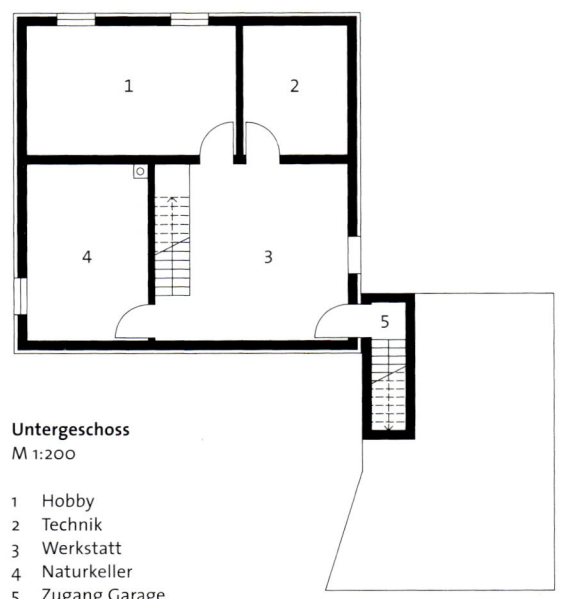

**Untergeschoss**
M 1:200

1  Hobby
2  Technik
3  Werkstatt
4  Naturkeller
5  Zugang Garage

**Erdgeschoss**
M 1:200

1  Wohnen
2  Hauswirtschaft
3  WC
4  Eingang / Diele
5  Kochen
6  Essen
7  Garage

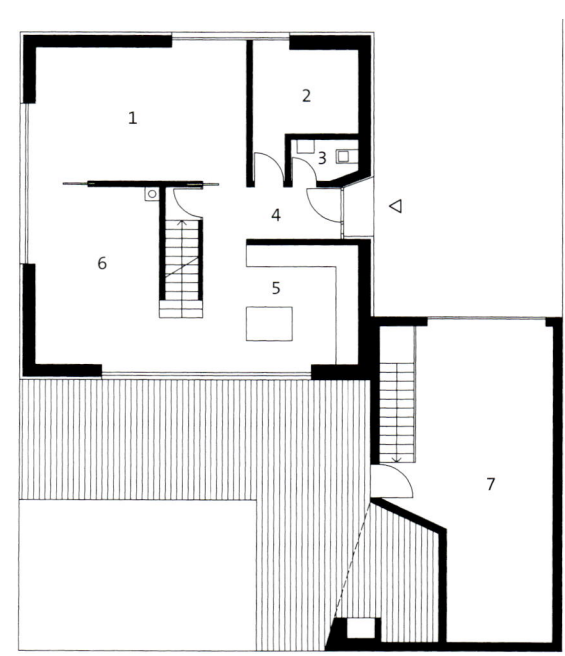

Der Eingangsflur bietet Flatz für eine maßgefertigte Garderobe. Ein stehendes Fenster sorgt für diskretes Tageslicht.

Die Lichtführung korrespondiert mit Treppenlauf und Galerie.

aus Lärchenholz, die Terrassen, Fußböden und die Sichtschutzwand an der Straße aus 10 Millimeter Stahltafeln vollständig in Eigenleistung montiert." Den notwendigen thermischen Komfort liefert eine Niedertemperatur-Strahlungsheizung mit einer Gastherme als Wärmequelle, die im Erdgeschoss über den Fußboden und im Obergeschoss über die Wände abstrahlt. Aufgrund der guten Wärmedämmung der Außenwände reicht ein zusätzlicher, holzbefeuerter Kaminofen in den Übergangszeiten als einzige Wärmequelle aus. Im Winter unterstützt er die Fußboden- und Wandheizung.

Während des gesamten Planungs- und Bauprozesses hat der Bauherr seine Freizeit investiert und sich nicht nur mit erheblicher Eigenleistung, sondern auch als kompetenter Handwerksmeister in fast allen Gewerken eingebracht. „So ein Bauherr ist eigentlich ein Glücksfall", betont der Architekt sichtlich stolz über die Zusammenarbeit. Das Signet „Haus N.I.H.", das sie dem Projekt gegeben haben, steht nicht für eine in die Zukunft verschobene Fertigstellung, sondern ist ein schwäbisches Synonym für planvolles und durchdachtes Vorgehen: „No It Hudle", was soviel bedeutet wie „Immer mit der Ruhe".

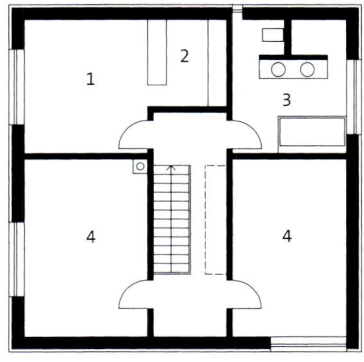

**Erdgeschoss**
M 1:200

1 Eltern
2 Ankleide
3 Bad
4 Zimmer

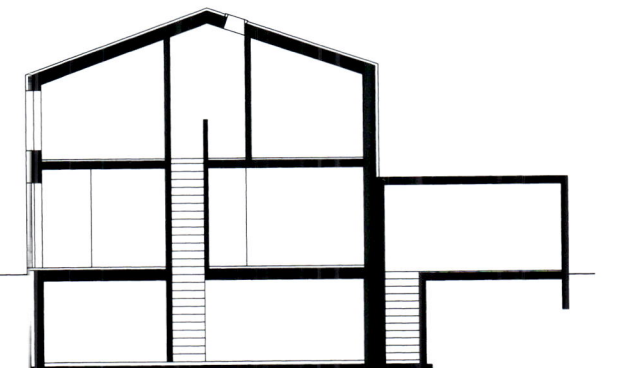

**Schnitt**
M 1:200

Lageplan

59

# KOPFBAU MIT ANHANG

**Gebäudedaten**

Grundstücksgröße: 600 m²
Wohnfläche: 169 m²
Zusätzliche Nutzfläche: 5 m²
Anzahl der Bewohner: 4
Bauweise: Holzrahmenbau
Baujahr: 2005
Baukosten pro m² Wohn-
und Nutzfläche: 888 Euro
Eigenleistung: 8.000 Euro
Baukosten gesamt:
150.000 Euro
Heizenergiebedarf:
67 kWh/m²a

Direkt an einer touristisch viel befahrenen Straße ge-
legen, markiert dieser Neubau den Eingang zum
Dresdner Stadtteil Loschwitz. Eine offene Bebauung
mit Bauernhäusern und Villen aus dem 19. Jahrhun-
dert prägt die Umgebung des landschaftlich reizvollen
Grundstücks am Fuß der Elbhänge unweit vom Fluss.
Auf die Zweiwertigkeit des Grundstücks mit der fre-
quentierten Landstraße stadtauswärts Richtung
Schloss Pillnitz und dem geschützten Landschaftsraum mit Weinbergen und Streuobstwiesen im
Rücken reagiert das Haus mit einer differenzierten
Gebäudegestalt. Als kantiger Kubus zieht der zur
Straße gewandte Kopfbau die Blicke auf sich, während
sich der anschließende holzverschalte Trakt unauffäl-
lig in die Tiefe des Grundstücks entwickelt.
Ende 2004 wandte sich das Bauherrenehepaar – sie
Lehrerin, er Künstler – an den Architekt. „Ihre Offenheit für besondere und unkonventionelle Lösungen",
berichtet der Architekt, „und unsere Lust, mit schwie-
rigen Situationen umzugehen, bildeten eine fruchtba-
re Grundlage für den Beginn des Projekts." Das von
den Bauherren ins Auge gefasste „Fleckchen Erde" bot
die Möglichkeit, Wohnen und Arbeiten unter einem
Dach zu vereinen. Mit dem straßenseitigen Kopfbau
als Atelier und dem zum rückwärtigen Teil des Grundstücks orientierten Wohnflügel werden die unterschiedlichen Funktionen deutlich. An der Nahtstelle
zwischen Arbeiten und Wohnen befindet sich der Eingangsbereich. Als offener Raum erstreckt sich das
Obergeschoss über die gesamte Gebäudelänge und
mündet über dem Atelier in einem Luftraum, der

Kommunikation und Wahrnehmung über beide Geschosse ermöglicht. Küche, Technikraum und Treppe
sind in einem Kern zusammengefasst, der die Arbeits-
galerie vom Wohnbereich abtrennt.
Die funktionale Gliederung spiegelt sich auch in den
Materialien. Zementgebundene Holzfaserplatten
bilden eine glatte und kantige Hülle für das Atelier,
während der daran anschließende Rumpf des Hauses
eine Verschalung mit sägerauen Lärchenholzbrettern
erhielt. Damit entsteht ein Anklang an die Fassaden
landwirtschaftlich genutzter Gebäude. Die Notwendigkeit, preiswert, schnell und energieeffizient zu
bauen, begünstigte die Entscheidung für eine Holzrahmenbauweise. Im Ringen um die Kostensenkung
ergänzen einzelne Stahlbauelemente die Tragstruktur.
Die Holzbalkendecke über dem Erdgeschoss wird
bereichsweise durch einen längs angeordneten Stahlträger entlastet, während das frei spannende Flachdach von einem Stahltrapezblech getragen wird.
Dieser Materialmix kommt dem Entwurfsidee entgegen, die Raumatmosphäre eines Lofts zu erzeugen.
Für den Architekt hat Holz als Baumaterial einen pro-
zesshaften Charakter: „Holz vermittelt ein Gefühl von
Veränderung. Die Konstruktion kann bei geringem
Aufwand verändert und weitergebaut werden. Auch
die Fassade verändert ihr Gesicht, die unbehandelte
Lärche verwittert und altert wie ein Mensch. So
verbindet sich mit einem Haus aus Holz eine gewisse
Leichtigkeit und Offenheit. Holz ist nicht absolut, es
ist im Fluss, es verschmilzt mit der Umgebung – Holz
bedeutet Leben."

Übereinander gestapelt und um 90 Grad gegeneinander verdreht profitieren die beiden Kuben voneinander – Sonnenschutz und Terrasse entstehen ohne weiterer Aufwand.

Mit einem „Schaufenster" öffnet sich der Wohnraum zur Landschaft. Hier soll später ein Steg zu einem geschützten Freisitz führen.

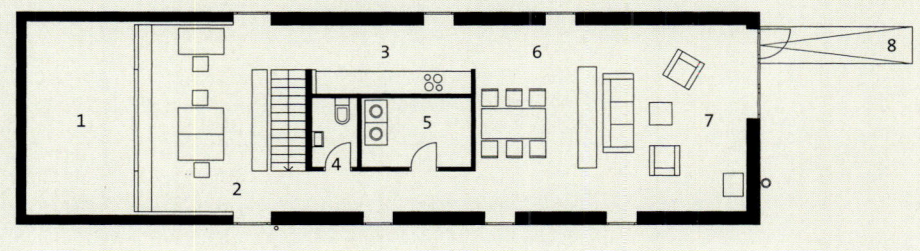

**Obergeschoss**
M 1:200

1 Luftraum Galerie
2 Arbeiten
3 Kochen
4 WC
5 Technik
6 Essen
7 Wohnen
8 Geplanter Steg zum Freisitz

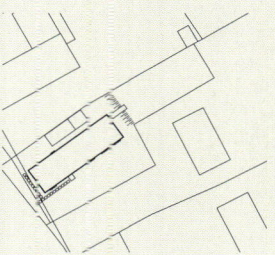

Lageplan

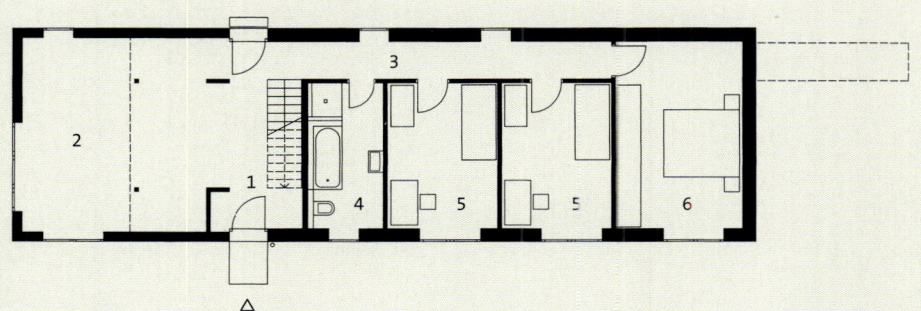

**Erdgeschoss**
M 1:200

1 Eingang / Garderobe
2 Atelier
3 Flur
4 Bad
5 Kind
6 Eltern

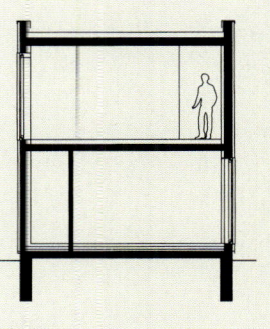

Schnitt
M 1:200

# HOLZ ALS METAPHER

## Gebäudedaten

Grundstücksgröße: 604 m²

Wohnfläche: 145 m²

Zusätzliche Nutzfläche:
52 m²

Anzahl der Bewohner: 4

Bauweise: Holzständerbau

Baujahr: 2004

Baukosten pro m² Wohn-
und Nutzfläche: 1.295 Euro

Eigenleistung: 40.000 Euro

Baukosten gesamt:
255.000 Euro

Heizenergiebedarf:
40 kWh/m²a

Bauen mit Holz hat im ländlichen Gebiet des Allgäus eine lange Tradition. Bis Ende des ausgehenden 19. Jahrhunderts wurden Wohn- und Wirtschaftsgebäude hier fast ausschließlich in Holzbauweise erstellt. An diese Tradition knüpft dieses Einfamilienhaus in einem Ostallgäuer Straßendorf an. Die städtebauliche Umgebung und das Grundstück mit leichtem Ost-westgefälle geben die Ausrichtung der Gebäudeteile vor. Das winkelförmige Haus besteht aus einem zweigeschossigen Wohnflügel und einem erdgeschossigen Querbau, den die Bauherrin als freie Musiklehrerin für den Unterricht nutzt. Beide Gebäudeteile definieren einen hofartig angelegten, geschützten Garten.

Die straffe Grundrissgliederung ermöglicht auch bei reduzierten Außen- und Innenmaßen gut zugeschnittene Raumproportionen mit hoher Wohnqualität. Ein Dachvorsprung verbindet die beiden voneinander getrennten Baukörper und überdacht den Eingangsbereich. Das Erdgeschoss wird nahezu komplett von einem Allwohnraum eingenommen, während die Funktionsbereiche wie Technik, Bad und Erschließung

zentral und Platz sparend angeordnet sind. Die Treppe und ein begleitender Installationsschacht schließen das Obergeschoss mit den Privaträumen an.

Eine Besonderheit des Hauses sind zwei monolithische Ortbetondecken, die von den Außenwänden in Holzständerbauweise getragen werden. Die Decke als Massivkonstruktion führt zu einer deutlichen Reduzierung der Bauhöhe sowie Kosten und bietet wesentliche Vorteile bezüglich Schallschutz und Bauphysik. Sie beeinflusst als Wärmezwischenspeicher das Mikroklima im Haus: Zum Beispiel kann sie im Winter solare Energie aufnehmen und zeitversetzt wieder abgeben. Entsprechend wird im Sommer eine schnelle Aufheizung des Gebäudes vermieden, indem die in der Nacht abgekühlte Decke als Puffer wirkt. Im Winter tragen die solaren Energieeinträge durch die südwestliche Ausrichtung der Fensterflächen wesentlich zur Entlastung der Heizung bei. Wenn die Sonne scheint, kann sie sogar bei tiefen Außentemperaturen deaktiviert werden. Dieser Vorteil hängt unmittelbar mit der hoch gedämmten Außenhülle des Gebäudes

Am Berührungspunkt der beiden Baukörper entsteht ein geschützter Eingangsbereich.

Mit einer halböffentlichen Vorzone schließt das Haus an den Straßenraum an, wahrt aber gleichzeitig mit den weitgehend geschlossenen Fassaden ein hohes Maß an Privatheit.

zusammen, die den Jahresprimärenergiebedarf des Hauses auf unter 40 Kilowattstunden pro Quadratmeter und Jahr reduziert. Die Anordnung der Haustechnik mit Gasbrennwerttherme und Lüftungsanlage mit Wärmerückgewinnung in einem Raum innerhalb des Hauses hat den Vorteil, Leitungswärmeverluste aktiv zur Raumerwärmung zu nutzen. Der zentrale Installationsschacht reduziert nicht nur die Herstellungskosten, sondern ermöglicht hier auch den Verzicht auf eine Zirkulationsanlage.

Alle Materialien wurden in ihrer ursprünglichen Oberfläche belassen, wobei die sich natürlich einstellende Patina dem Haus einen sich wandelnden Charme verleiht. Für die Bauherrin, aufgewachsen in einer landwirtschaftlichen Familie, hatte der harmonische und natürliche Umgang mit den Baumaterialien erste Priorität. Der natürliche Alterungsprozess des Baustoffs Holz ist für sie eine perfekte Metapher für die dynamischen Veränderungen des Lebens, denen auch die Bewohner unterworfen sind.

Die winkelförmige Anlage schafft einen blick- und windgeschützten Freibereich.

Die Anordnung der Fensteröffnungen spiegelt die innere funktionale Gliederung des Hauses.

63

Das nutzbare Raumprofil im Obergeschoss reicht bis unter den Dachfirst.

Ein holzbefeuerter Kamin entlastet die Gebäudeheizung.

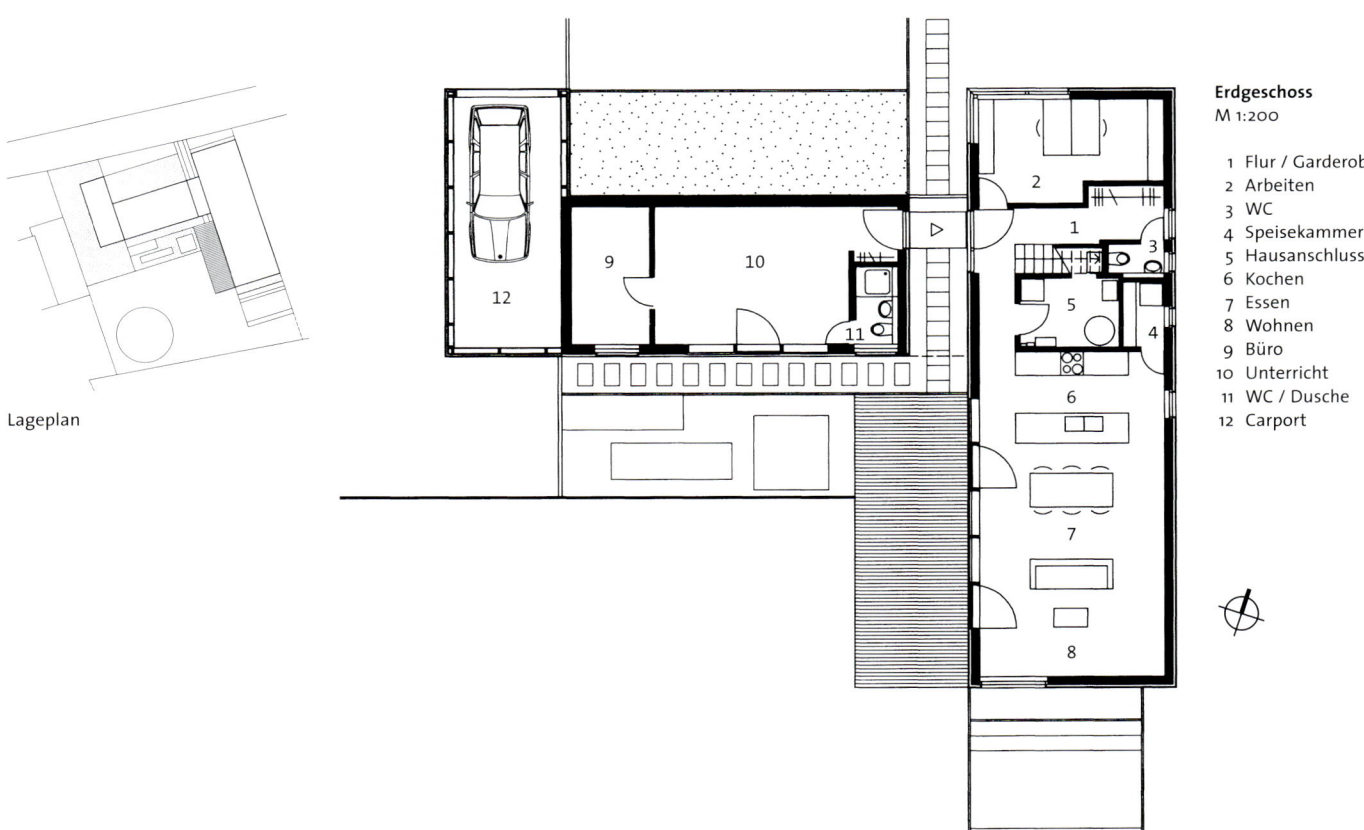

Lageplan

**Erdgeschoss**
M 1:200

1 Flur / Garderobe
2 Arbeiten
3 WC
4 Speisekammer
5 Hausanschluss
6 Kochen
7 Essen
8 Wohnen
9 Büro
10 Unterricht
11 WC / Dusche
12 Carport

Natürliche Materialien und
Oberflächen charakterisieren den Wohn-/Essbereich.

Wohltemperiert und gefil-
tert durch außenliegende
Sonnenschutzlamellen
fällt das Tageslicht in das
Musikzimmer.

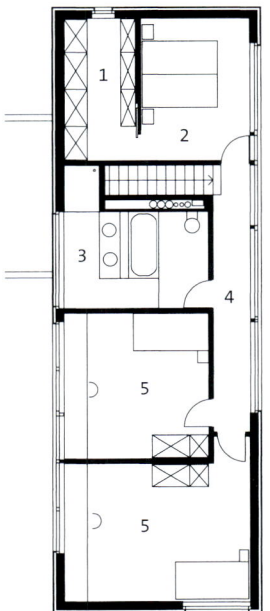

**Obergeschoss**
M 1:200

1   Ankleide
2   Eltern
3   Bad
4   Flur
5   Kind

**Schnitt**
M 1:200

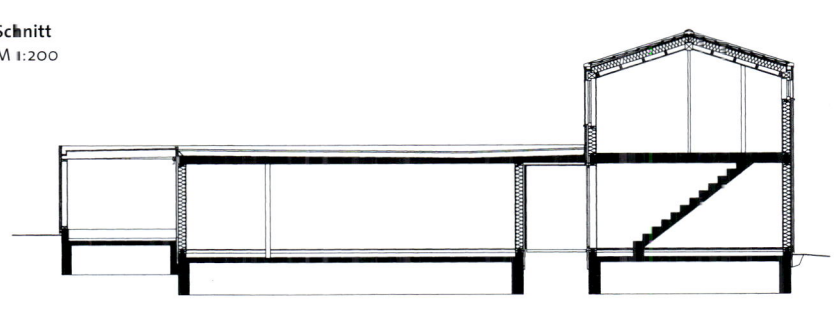

Auch im Bad bestimmen
Naturtöne den Raum-
eindruck.

# KONTRASTREICH

**Gebäudedaten**

Grundstücksgröße: 1.056 m²
Wohnfläche: 174 m²
Zusätzliche Nutzfläche:
227 m²
Anzahl der Bewohner: 5
Bauweise: Holzrahmenbau
Baujahr: 2004
Baukosten pro m² Wohn-
und Nutzfläche: 1.057 Euro
Baukosten gesamt:
240.000 Euro
Heizenergiebedarf:
30 kWh/m²a

Vilzing ist ein Ortsteil der Stadt Cham in der ostbayerischen Oberpfalz. Unmittelbar am nordwestlichen Ortsrand taucht ein lang gestreckter, zweigeschossiger Baukörper auf. Bei näherem Hinsehen erkennt man ein Ensemble aus zwei Gebäuden an dem leicht geneigten Hang mit Aussicht auf Cham und dessen Hinterland. Eigenwillig aber durchaus reizvoll wirkt die Farbgebung mit einer schwarzen Fassadenbekleidung, weißen Fensterrahmen und rot gedeckten Dächern. Von der sägerauen, schwarzen Tannenholzschalung des Wohnhauses geht eine eigenartige Faszination aus, die an die Urwüchsigkeit eines von der Witterung patinierten Stadls erinnert. Wohnhaus und Nebengebäude werden über ein zwischengeschaltetes Windfangelement erschlossen und bilden gemeinsam einen hofartigen Vorplatz. Einen effektvollen Kontrast zur bewitterten, dunklen Außen-

haut bilden die hellen, lichtdurchfluteten Wohnräume. Auf das leichte Gefälle des Hangs reagiert das Haus mit einem inneren Niveausprung. Auf diese Art gelingt die Zonierung der Bereiche Kochen, Essen und Wohnen. Als zentrales Erschließungselement führt die einläufige Holztreppe unmittelbar zu einem von der Familie gemeinsam genutzten Arbeits- und Spielflur. Verbindendes Element ist der durchgehende Kiefernboden, der überall im Haus verlegt wurde.
Als Ersatz für einen Keller flankiert das eingeschossige Nebengebäude mit Pultdach den lang gestreckten Baukörper des Wohnhauses. Die Ausrichtung des Wohnhauses nach Süden und die gezielte Verteilung der Raumnutzungen optimieren passive solare Gewinne. Ausschließlich mit regenerativer und solarer Energie in Form einer modernen Holzstückgutanlage und Solarabsorbern versorgt, reduziert sich der

Als sei es schon immer da gewesen, ruht das Ensemble aus Wohnhaus und Nebengebäude in der winterlichen Landschaft.

Gezielt gesetzte Aussichtsfenster durchbrechen die weitgehend geschlossene Nordfassade, während sich das Haus nach Westen mit Vordach, Balkon und Terrasse zum Landschaftsraum öffnet.

Fast wie ein kleines Gehöft wirkt das Wohnhaus mit Nebengebäude – ein Vorhof mit geschütztem Eingang entsteht wie von selbst.

Primärenergieaufwand auf ein Minimum. Über-
schüssige Energie der Solarkollektoren auf dem Dach
des Nebengebäudes wird in einem Kieskoffer unter
der Bodenplatte zwischengespeichert. Dieses Wärme-
kissen minimiert Wärmeverluste der Gebäudehülle an
das Erdreich. Energielieferanten für das Haus sind der
nahe Wald und die Sonne.
Hölzerne Pfosten und Riegel im Inneren der beidseitig
bekleideten Außenwände tragen die Geschossdecke,
die als Verbundkonstruktion aus Brettstapelelemen-
ten mit Faserbeton aufgebaut ist. Derartig armiert

spannen die Deckenelemente frei über die gesamte
Hausbreite und ermöglichen eine flexible Grundriss-
gestaltung. Sämtliche Zwischenwände – mit Aus-
nahme des Treppengehäuses, dem eine aussteifende
Funktion zukommt – sind von der Tragfunktion be-
freit. Gerade für ein Familienhaus mit wechselnder
Belegung ist diese mögliche Flexibilität der Raumaufteilung ein sehr großer Vorteil. Tiefe Fensterlaibungen
vergrößern das Nutzraumvolumen im Inneren und
rahmen die gezielt gesetzten Ausblicke ein.
Jedes Detail an diesem Haus ist sorgfältig überlegt

**Erdgeschoss**
M 1:200

1 Eingang / Windfang
2 Flur / Garderobe
3 Kind
4 Kochen
5 Essen
6 Wohnen
7 Haustechnik
8 WC / Dusche
9 Vorrat
10 Hauswirtschaft
11 Lager
12 Carport / Müll-Lager
13 Terrasse

Lageplan

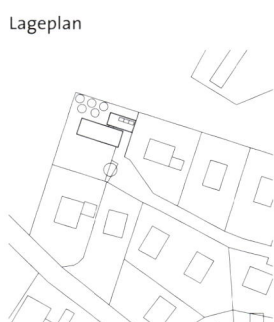

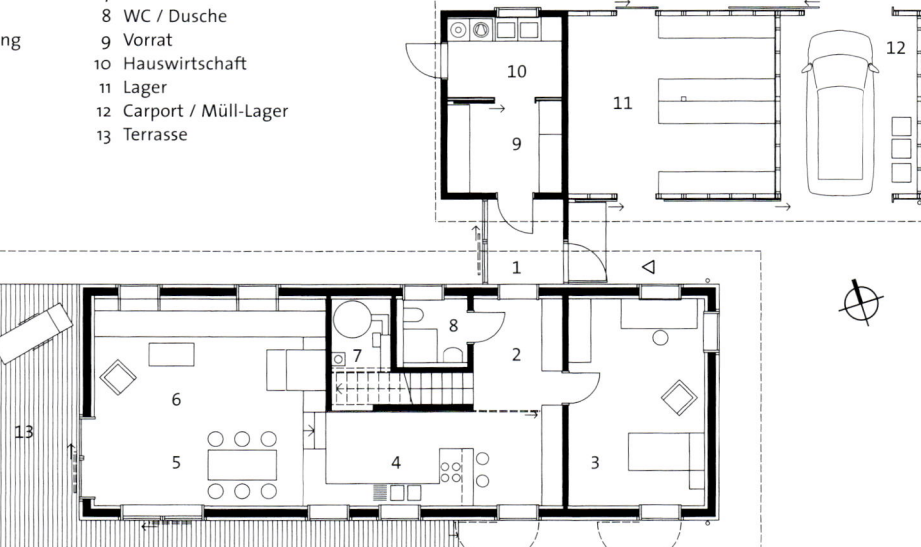

Zwischen die Individual-
räume des Obergeschosses
ist ein Spiel- und Arbeitsbereich integriert.

Wie durch einen Guckkas-
ten wird ein Motiv der
Winterlandschaft in den
Innenraum projiziert.

und geplant: Die Fensterrahmen fügen sich bündig in die Ebene der Schalung ein, wobei die tiefen Kiefern-holzlaibungen im Inneren z.B. auf der Nordseite in ein Regal mit vorgelagerter Sofabank integriert sind. Stets erfolgt die Verwendung von Holz mit dem Wissen um seine Eigenschaften und Möglichkeiten. Der üppige, allseitige Dachüberstand mit seiner filigranen Unter-sicht auf die weiß gestrichene Konstruktion dient nicht nur den Fassaden als konstruktiver Holzschutz, sondern definiert eine begehbare Vorzone, die sich nach Westen zu einer Terrasse mit darüberliegendem

Balkon vor einem der Kinderzimmer erweitert. Damit schreibt das Haus landschaftstypische Bauformen fort und erhält die Verbindlichkeit seiner Gestalt aus der Konstruktion. Die Architekten erläutern dazu: „Wesentlicher Entwurfsansatz war die Entwicklung eines Haustyps, der sein Selbstverständnis aus der Interpretation von nüchternen Vorgaben schöpft. Aus dieser Vorgehensweise gewannen schon früher regio-naltypische Bauweisen ihre bodenständige Kraft und Gelassenheit."

**Obergeschoss**
M 1:200

1 Bad
2 Schlafen
3 Arbeiten
4 Arbeiten / Spielen
5 Kind
6 Balkon

**Schnitt**
M 1:200

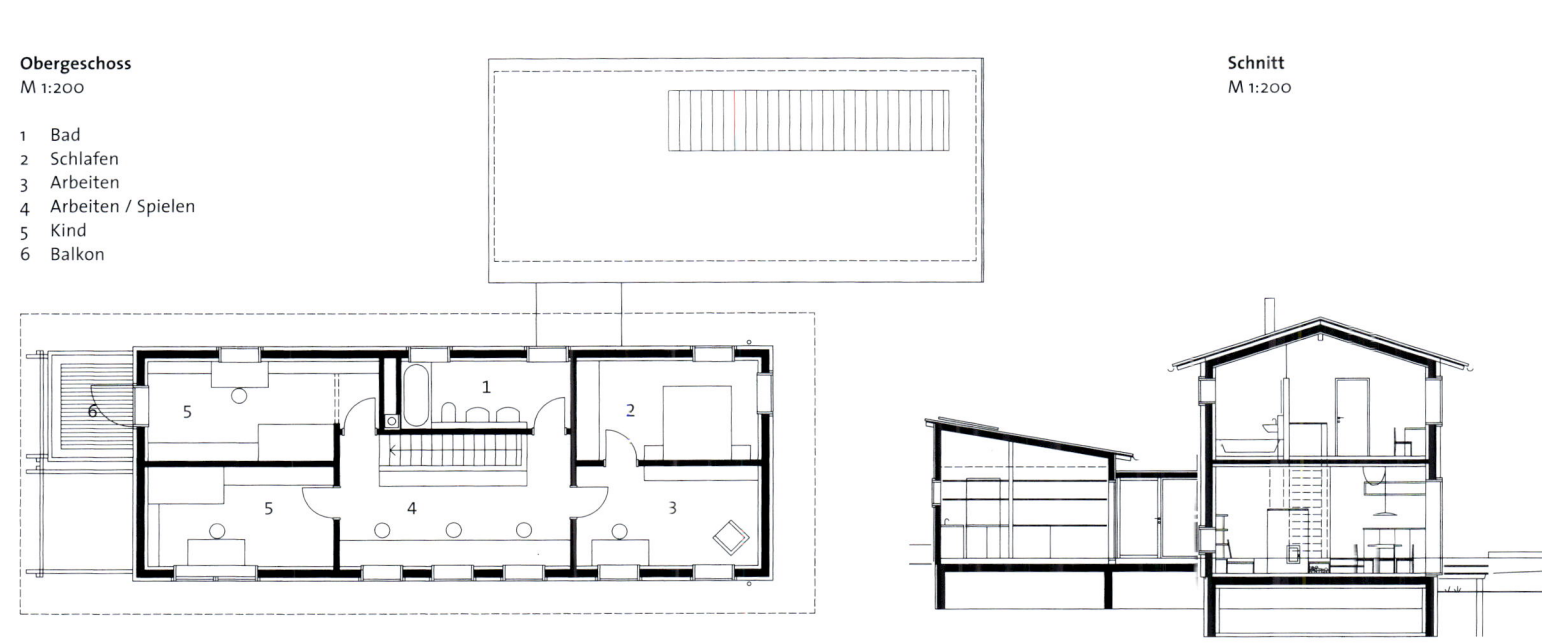

# KÜNSTLERISCHES ANWESEN

## Gebäudedaten

Grundstücksgröße:
1.289 m² + Skulpturenpark
(17.000 m²)
Wohnfläche: 203 m²
Zusätzliche Nutzfläche:
134 m², 152 m² (Atelier)
Anzahl der Bewohner: 4
Bauweise: Holztafelbau
Baujahr: 2003
Baukosten pro m² Wohn-
und Nutzfläche: 1.200 Euro
Eigenleistung: 50.000 Euro
Baukosten gesamt:
320.000 Euro
Heizenergiebedarf:
60 kWh/m²a

Ein denkmalgeschütztes dörfliches Ensemble prägt die Umgebung dieses Wohnhauses mit Atelier. Die vom Heimatverein Leutkirch e.V. restaurierte Glashütte in unmittelbarer Nachbarschaft beherbergt heute ein Museum. Für den Bauherrn, der als Bildhauer mit Metall und Stein arbeitet, war die Größe des Grundstücks das entscheidende Argument. Neben dem Baugrundstück mit knapp 1.300 Quadratmetern konnte er zusätzlich eine 17.000 Quadratmeter große Wiese für einen öffentlich zugänglichen Skulpturenpark erwerben. Wunsch der Künstlerfamilie war es, in einem Holzhaus aus heimischen Hölzern zu leben. Im Inneren sollte das Haus jedoch nicht an eine „Holzschachtel" erinnern.

Von außen fügt sich der Bau in Form, Material und Kubatur harmonisch in das Straßenbild ein. Im hinteren Teil des Grundstücks begrenzt das eingeschossige Atelier mit seinem lang gestreckten Baukörper den privaten Wohnhof, der auch als Ausstellungsfläche

genutzt wird. Ganz in Lärchenholz geschalt, bildet das Wohnhaus mit seinem 50 Grad steilen Satteldach ein kompaktes Volumen. Besonders markant sind die bündig in die Ebene der Schalung eingelassenen Schiebeelemente, mit denen sich die Fensteröffnungen in der Ost- und Westfassade verschließen lassen. Bei vorgezogenen Schiebeelementen kommen Cortenstahlplatten zum Vorschein – ein reizvolles Wechselspiel zwischen den tatsächlichen Fenstern und den „Scheinöffnungen" entsteht. Sowohl der Cortenstahl als auch das Lärchenholz sind der Bewitterung ausgesetzt und bilden im Laufe der Zeit eine Patina. Während das Lärchenholz ergraut, wird der Stahl Rost ansetzen, wodurch sich der Materialkontrast noch verstärkt.

Anordnung und Gestalt der Fensterflächen geben bereits einen Hinweis auf die innere Organisation des Hauses. Zur Eingangsseite im Norden bildet eine Spange aus Technikraum, Windfang und Küche einen

Wie selbstverständlich fügt sich der neue Baukörper in die Dorfstruktur mit traufständigen Häusern.

Mit einer einfachen und klaren Form gelingt die überzeugende Einfügung in die ländlich geprägte Umgebung.

Unbehandelte Lärchenholzlatten bilden die homogene Hülle des einfachen Baukörpers. Teile der Hülle sind beweglich und können als flächenbündige Schiebeelemente vor die Fensteröffnungen gefahren werden.

Hinter den vorgezogenen Schiebeläden kommen rohe Cortenstahlplatten zum Vorschein.

Unter Bewitterung ändern sich die Materialien: das Holz ergraut, der Stahl rostet.

Auf der weitgehend geschlossenen Nordseite schützt ein Portikus den Eingang.

Pufferraum zu dem großräumigen Wohn-/Essbereich mit westorientierter Terrasse. Geknickte Stahlwangen mit eingespannten Holzstufen formen einen filigranen Treppenlauf zu den Privaträumen in den oberen Stockwerken. Zwei große Schlafräume mit zwischengeschalteter Galerie und einem Bad im Obergeschoss werden ergänzt durch einen zusätzlichen Schlafbereich mit Bad im Dachgeschoss.

Eine Bodenplatte aus Stahlbeton dient als massive Basis für den aus heimischem Holz errichteten Holztafelbau, dessen Gefache mit Zellulosefasern gedämmt sind. Das Ständerwerk der Außenwände trägt massive Holzdecken. Lehmsteine als Ausfachung der Innenwände und 12 Tonnen Gipsfaserplatten für den Innenausbau sowie 10 Tonnen Lehmputz dienen als Speichermasse und sorgen im Zusammenhang mit der Wandflächenheizung für ein angenehmes Raumklima. Die Energie bezieht die Niedertemperatur-Strahlungsheizung von einem Holzpelletkessel, dessen Speicher ein externer Erdtank darstellt. Ein Saugsystem befördert die Pellets in den Technikraum. Der Erdtank fasst 8,5 Kubikmeter bzw. 5,5 Tonnen Pellets. Der jährliche Verbrauch für Heizung und Brauchwassererwärmung beläuft sich auf 3 Tonnen Pellets.

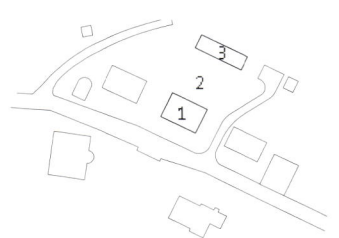

**Lageplan**

1 Wohnhaus
2 Hof
3 Atelier

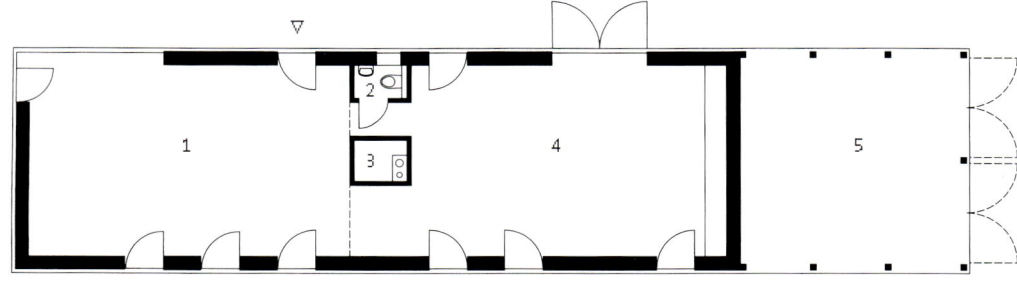

**Atelier**
M 1:200

1 Ausstellung
2 WC
3 Grundofen
4 Werkstatt
5 Carport

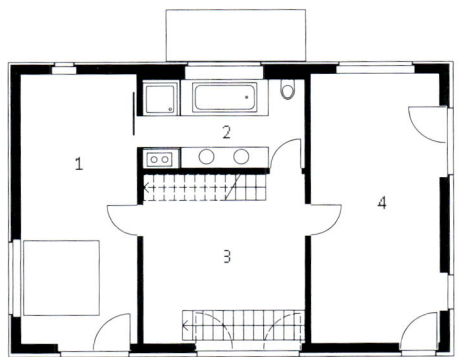

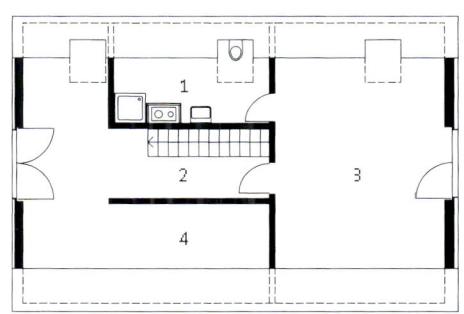

Der nach Westen orientierte
Wohnbereich wird vom Licht
der Abendsonne durchflutet.

Das lang gestreckte Atelier-
gebäude schließt den privaten Gartenbereich ab.

**Obergeschoss**
M 1:200

1   Schlafen / Ankleide
2   Bad / WC
3   Galerie
4   Kind

**Obergeschoss**
M 1:200

1   Dusche / WC
2   Flur
3   Kind
4   Bühne

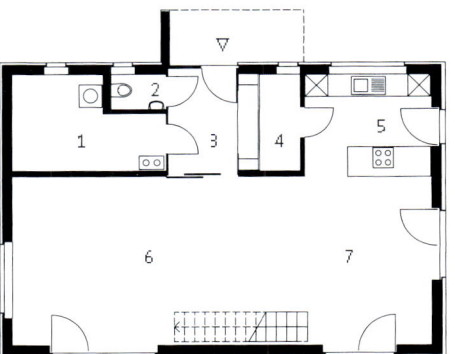

**Erdgeschoss**
M 1:200

1   Technik
2   WC
3   Eingang / Windfang
4   Speisekammer
5   Kochen
6   Wohnen
7   Essen

**Schnitt**
ohne Maßstab

# WIEDERGEBORENE ERINNERUNGEN

**Gebäudedaten**

Grundstücksgröße: 604 m²
Wohnfläche: 142 m²
Zusätzliche Nutzfläche:
1,5 m² (Dachboden)
Anzahl der Bewohner: 3
Bauweise: Holzständerbau
Baujahr: 2004
Baukosten pro m² Wohn-
und Nutzfläche: 1.052 Euro
Baukosten gesamt:
151.000 Euro
Heizenergiebedarf:
60 kWh/m²a

Eine eingewachsene Siedlung aus den zwanziger Jahren im oberbayerischen Städtchen Stockdorf war bis vor Kurzem der Standort eines spitzgiebeligen Siedlerhauses. Von außen schwarz verschalt mit weißen Fenstern und Läden, strahlte das alte Haus Wärme und Gemütlichkeit aus und spielt als Wohnhaus der Großmutter eine wichtige Rolle in den Erinnerungen der Bauherrin: Da war der große Wohnraum, in dem musiziert wurde, und ein von Bücherregalen gefasstes Blumenfenster, das den Blick vom Wohnzimmer ins Freie umrahmte. Und natürlich auch der alte Holzofen, der eine behagliche Wärme verströmte. Schlecht gedämmt und in der Substanz marode, kam eine Sanierung jedoch nicht mehr in Frage.

Mit viel Gespür für die besondere Situation haben sich die Architekten der Aufgabe angenommen, den Erinnerungsschatz der Bauherrin in die Gegenwart zu transferieren, ohne dabei den Vorgängerbau zu kopieren. „Wie im Werk des Literaten Paul Valéry beschäftigt uns das Potenzial von Ähnlichkeit im gestalterischen Prozess, denn, so Valéry, ohne gewisse Ähnlich-

keiten im Milieu und der Gestalt wäre ein kultureller Erkenntnisgewinn nicht denkbar", erläutern die Architekten. In deutlicher Verwandtschaft zum Haus der Großmutter entstand so ein eigenständiges und modernes Haus direkt neben dem ursprünglichen Standort, auf dem Grundstück der Eltern. Mit großer Selbstverständlichkeit nimmt der Neubau unter alten Baumkronen seinen Platz ein und verrät sein Baujahr erst auf den zweiten Blick. Eine große Eiche auf der Nordseite ist der Grund für den Knick in der Giebelwand, sodass der Grundriss die Figur eines Pentagons erhält. Das Raumprogramm entspricht genau den Anforderungen der Bauherrin, die als Musikerin hier auch unterrichtet.

Als massiver Kern bildet eine Hypokaustenwand, an die der alte Ofen angeschlossen wurde, die Mitte des Hauses. Dieses Element teilt und gliedert den zusammenhängenden Großraum im Erdgeschoss ganz von selbst. Mit einer Holzschiebetür kann die Küche bei Bedarf vom Eingangsbereich abgetrennt werden. Ein großes Fenster öffnet den Wohn-/Essbereich nach

Das Nebeneinander von Alt und Neu zeigt die Überführung bewährter Bauformen in die Gegenwart.

Die homogene Wetterhaut aus schwarz lasierten Nut- und-Feder-Latten erinnert an die Schalung des Hauses der Großmutter.

Mit der gefalteten Giebel- wand nimmt das Haus Rücksicht auf die alte Eiche.

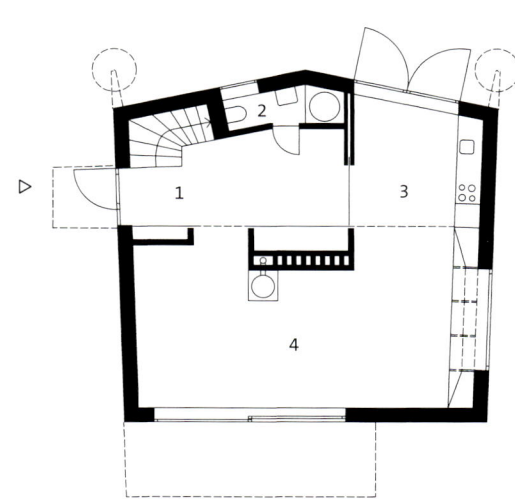
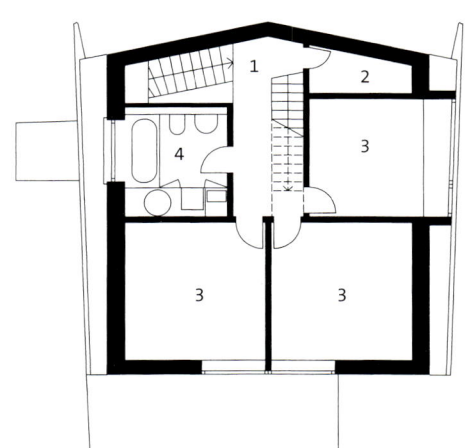

Regelrecht geräumig wirkt das Erdgeschoss mit offener Küche, Essplatz und anschließendem Wohnraum.

Süden und wird von einem 2 Meter weit auskragenden Vordach – eine Reminiszenz an den ursprünglichen Balkon – verschattet. Dieses Vordach trägt eine Solaranlage zur Brauchwassererwärmung. Eine große westorientierte Gaube erweitert das Raumangebot im Obergeschoss, sodass neben den beiden Kinderzimmern auch noch Platz für den Probenraum und ein

geräumiges Bad entsteht. Von hier aus führt eine offene schmale Stiege in das südorientierte Schlafzimmer der Bauherrin direkt unter dem Dach.
Eine Meisterleistung der Zimmerei ist die Vorfertigung der großformatigen Holzelemente für Dach und Wand, die untereinander und an das Schwellholz auf der Bodenplatte aus Stahlbeton passgenau gefügt

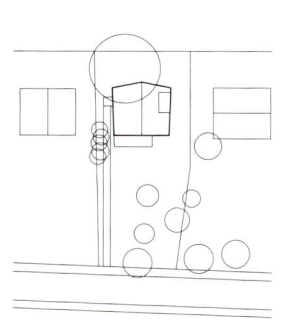

Lageplan

**Erdgeschoss**
M 1:200

1  Eingang / Diele
2  Dusche / WC
3  Kochen
4  Wohnen / Essen

**Obergeschoss**
M 1:200

1  Treppenraum
2  Kammer
3  Zimmer
4  Bad

Sattes Rot begleitet den Treppenlauf bis unter den Spitzgiebel.

Nicht nur als Zitat aus dem Vorgängerbau ist das von Bücherregalen gerahmte Fenster zum Garten gedacht – es ist einfach ein sehr wohnliches Detail.

wurden. Um ganz sicherzugehen, dass bei den teilweise winkeligen Anschlüssen alles klappt, wurde das Haus probehalber in der Werkstatt zusammengebaut. Die zweischalige Holzständerkonstruktion bietet nicht nur eine hervorragende Dämmung, sondern dient auch der Integration einer Installationsebene, in der die gesamte Verrohrung des Hauses sowie Elektro,

Heizung und Telefon untergebracht sind. Eine 45 Millimeter dicke Installationsschicht nimmt Heizspiralen zur gleichmäßigen Erwärmung der Umfassungswände auf. Deshalb kann auf herkömmliche Heizkörper vollständig verzichtet werden. Mit den nach außen öffnenden Wendeflügeln, die sich zum Reinigen um 180 Grad drehen lassen, geht kein Nutzraum verloren.

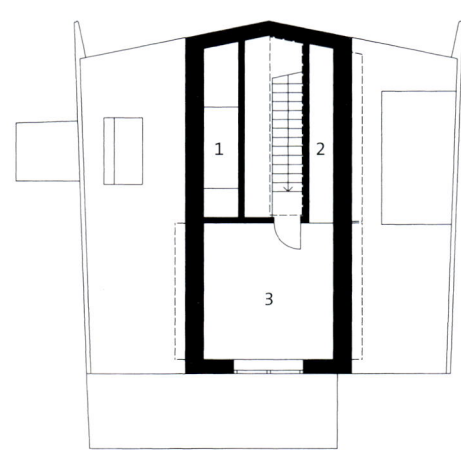

**Dachgeschoss**
M 1:200

1  Luftraum Bad
2  Kammer
3  Zimmer

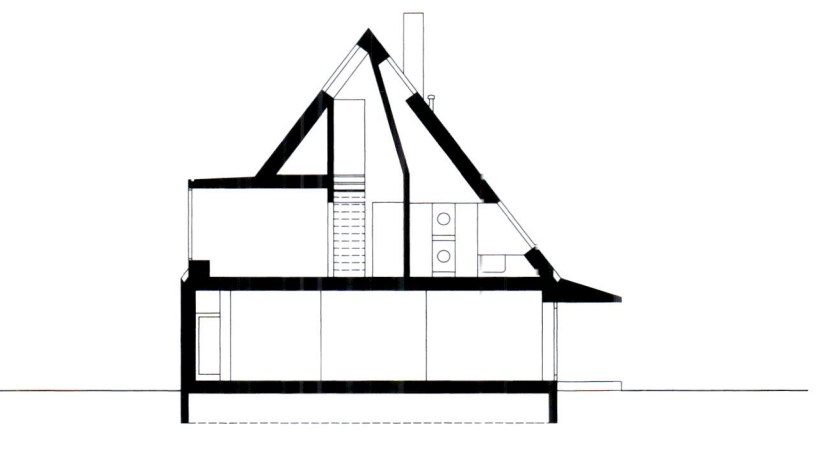

**Schnitt**
M 1:200

# FERNÖSTLICH INSPIRIERT

## Gebäudedaten

Grundstücksgröße: 504 m²

Wohnfläche: 160 m²

Zusätzliche Nutzfläche:

72 m² (UG)

70 m² (Nebengebäude)

Anzahl der Bewohner: 2-4

Bauweise: Holzelementbau

Baujahr: 2003

Baukosten pro qm² Wohn-
und Nutzfläche: 1.472 Euro

Baukosten gesamt:
342.200 Euro

Heizwärmebedarf:
60 kWh/m²a

Der Typ eines Hofhauses ist die Antwort der Architekten auf die Dichte des Neubaugebiets „Jakobswiese" in Kempten. Wohn- und Nebengebäude bilden zusammen mit einer Wandscheibe ein dreiseitig geschlossenes Ensemble, das sich unmittelbar zum Hof und mittelbar zur Landschaft mit dem vorbeifließenden Göhlenbach öffnet. Der Topografie folgend treppt sich die Anlage sanft nach Osten ab.

Geschützt vor den Einblicken der Nachbarn erweitert sich der Wohnbereich über die holzgedeckte Terrasse in den bekiesten Hof. Als räumliches Pendant zum vollverglasten Erdgeschoss schließt der überdeckte Freisitz des Nebengebäudes, das Garage und Werkstatt aufnimmt, die Hofsituation ab. Auf knirschendem Kies führt der Weg entlang der Hofbegrenzung zum Eingang. Das leicht vorspringende Obergeschoss schützt den Eingangsbereich, der durch ein Podest zusätzlich markiert ist. Im Inneren entfaltet sich ein lichtdurchfluteter Raumzusammenhang, bei dem die dienenden Funktionen in einer L-förmigen Raumspange zusammengefasst sind. Äußerst schlanke, in einem silbrigen Grau gehaltene Stahlstützen erlauben die raumhohe Öffnung des Wohnbereichs zu Hof und Landschaft. Sparsam möbliert, mit hochwertigen Holzoberflächen versehen und gegenüber der Nebenraumzone um zwei Stufen abgesenkt, wirkt der Wohnbereich offen und elegant. Ohne Barriere setzt

er sich über die holzgedeckte Terrasse ins Freie fort und lenkt den Blick auf ein Wasserbecken, das die Fläche des Hofs begrenzt.

Die subtile Gestaltung des Übergangs zwischen innen und außen erinnert an das traditionelle japanische Wohnhaus. Gelungene Proportionen, präzise Details und die Beschränkung auf wenige, gezielt gesetzte Akzente, wie die Kiesfläche mit Baum und Wasserbecken, bewirken die selbstverständliche Einbeziehung des Hofbereichs in das Wohnerlebnis. Als Fortsetzung eines stufenweisen Übergangs von dem umschlossenen Wohnbereich über den Hof in die Landschaft dient ein Sockel aus Stahlbeton, der die Schwelle zur Landschaft bildet.

Nur über ein Fensterband zum Hof geöffnet zeigt sich das Obergeschoss als geschlossener, holzverschalter Baukörper. Raumhohe Einbauschränke teilen den Grundriss in zwei Funktionszonen und erlauben, je nach Lebenssituation, die Aufteilung in zwei, drei oder vier Einzelzimmer. Als Fortsetzung dieses flexiblen Raumkonzepts erscheinen die beweglichen Glaswände des Badezimmers, das sich zur Flurzone öffnen lässt.

Die großformatigen Elemente, aus denen das Haus gefügt wurde, bestehen aus kreuzweise vernagelten Brettschichten und bilden auf diese Weise massive, 20 Zentimeter dicke Wandelemente. Aus den mit

Die besondere Qualität
des Hofhauses besteht in
der Integration des Außen-
bereichs in das Wohner-
lebnis.

Wohlüberlegt und gut
gestaltet empfängt der
Eingangsbereich den
Besucher als Endpunkt
einer Vorzone.

Sorgfältig geharkter Kies, ein Wasserbecken und die holzgedeckte Terrasse stellen eine gelungene Synthese aus fernöstlich anmutender Ästhetik und westlicher Wohnqualität her.

Aluminiumstiften zu massiven Tafeln verbundenen Elementen werden Türen und Fenster nachträglich ausgefräst. Dasselbe Verfahren wird für die Vorbereitung der Elektroinstallation angewendet, indem die Großtafeln entsprechend geschlitzt werden. Für Decke und Dach wurden ebenfalls großformatige Fertigteile mit tragenden Rippen aus brettschichtverleimtem Holz verwendet. Das Holzbausystem mit massiven Elementen kombiniert den Vorteil einer großen Speichermasse mit einem hohen Wärmedämmwert. Deshalb genügt eine 10 Zentimeter dicke Holzweichfaserplatte als zusätzliche äußere Dämmschicht. Eine vertikale Schalung aus heimischer Weißtanne

bildet die Wetterhaut des hinterlüfteten Fassadenaufbaus. Mit 5 Millimeter Abstand auf Lücke montiert bewirkt die Schalung das einheitliche Erscheinungsbild von Wohnhaus, Nebengebäude und Hofbegrenzung.

Zur Abrundung des ökologischen Konzepts dient eine mechanische Be- und Entlüftungsanlage, deren Kanäle in den raumbildenden Schränken untergebracht sind. Die kontrollierte Lüftung ermöglicht eine Kühlung im Sommer. In der Synthese aus fernöstlich inspirierter Freiraumgestaltung und westlichem Wohnkomfort kommen die Qualitäten des Hofhauses zur vollen Entfaltung.

Schlanke Stahlsäulen tragen das Obergeschoss und verleihen dem Wohnbereich seinen schwerelosen Charakter.

Ein großzügiger Luftraum begleitet den filigranen Treppenlauf, der in einen durchgängigen Schrankflur einmündet.

Innen und Außen bilden einen fließenden Übergang, wodurch der Hofbereich wie selbstverständlich Teil des Wohnerlebnisses wird.

81

Als logische Fortsetzung des
Wohnraums wirkt der Hof
mit dem gedeckten Freisitz
auf der gegenüberliegenden
Seite.

Schiebeelemente aus
Glas lösen die räumliche
Begrenzung des Bade-
zimmers auf.

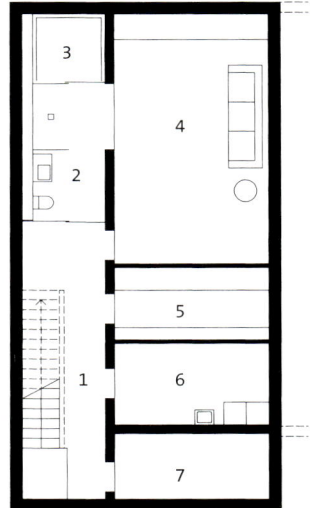

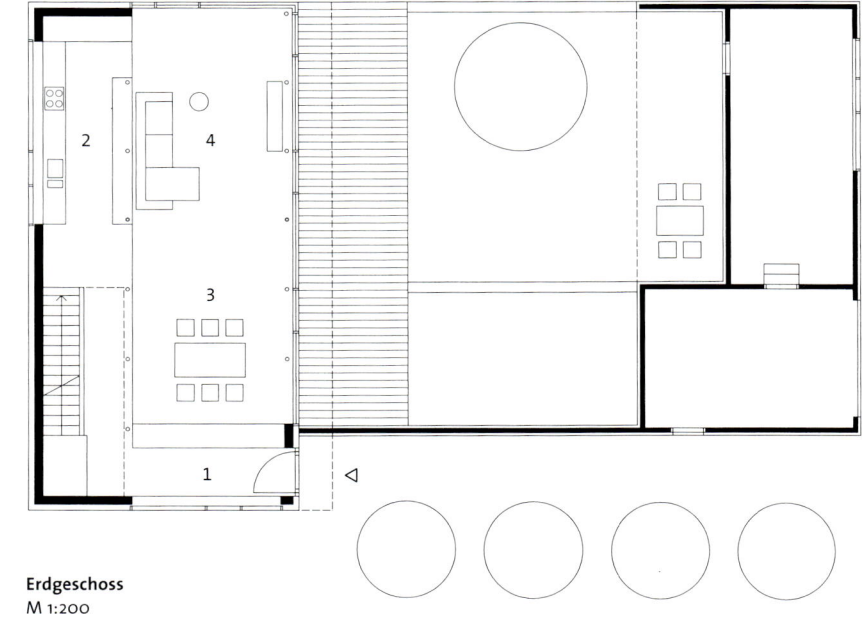

**Untergeschoss**
M 1:200

1  Flur
2  Bad
3  Sauna
4  Hobby / Wellness
5  Abstellraum
6  Waschküche
7  Technik

**Erdgeschoss**
M 1:200

1  Garderobe
2  Küche
3  Essen
4  Wohnen

Elegant gestaltete Laufräder an den gläsernen Wandelementen ermöglichen die räumliche Variabilität des Nassbereichs.

Zenitlicht überflutet das Bad.

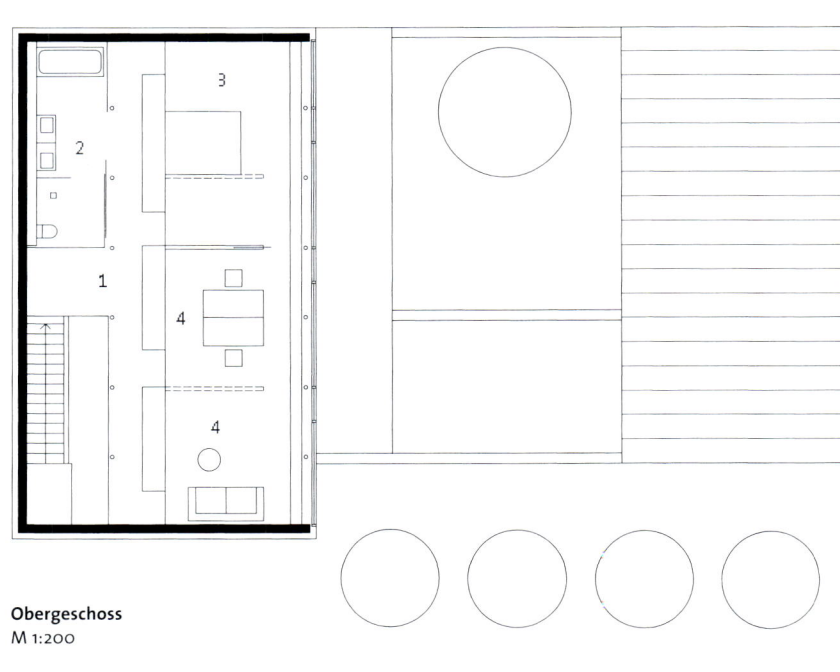

**Obergeschoss**
M 1:200

1   Galerie / Ankleide
2   Bad
3   Schlafen
4   Arbeiten / Kinder

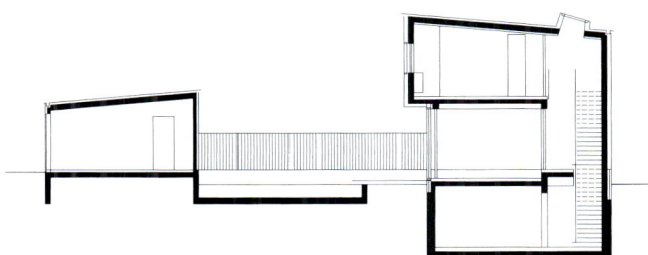

**Schnitt**
ohne Maßstab

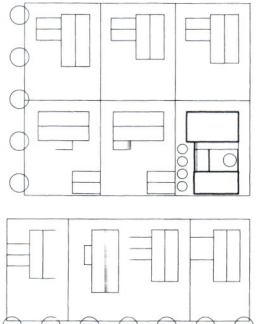

Lageplan

# ZWEISCHICHTIGES GEHÄUSE

### Gebäudedaten

Grundstücksgröße: 540 m²

Wohnfläche: 147 m²

Zusätzliche Nutzfläche:

17 m²

Anzahl der Bewohner: 4

Bauweise: Holzrahmenbau

Baujahr: 2004

Baukosten pro m² Wohn-

und Nutzfläche: 1.100 Euro

Eigenleistung: 20.000 Euro

Baukosten gesamt:

185.000 Euro

Heizenergiebedarf:

55 kWh/m²a

In direkter Nachbarschaft zu Stein am Rhein, an einem Südhang mit erhöhter Lage bietet der Bauplatz einen herrlichen Blick auf das nahe gelegene Schweizer Ufer. Den Bauherren schwebte ein Gebäude mit hoher Identität und Offenheit vor. Das limitierte Budget hielt sie zunächst davon ab, sich direkt an einen Architekten zu wenden. „Zum Glück hatten wir uns doch getraut, die Architekten zu fragen, ob sie denn mit so wenig Geld ein Haus bauen können und wollen", berichtet die Bauherrin.

Für den Architekten war jedoch weniger das Budget als der Bebauungsplan ein Hindernis. Dieser beinhaltete die Festlegung der Erdgeschoss-Fußbodenhöhe und der Traufhöhe von nur 4 Metern, was zwangsläufig zu einer eineinhalbgeschossigen Kniestocklösung geführt hätte. In dieser Lage wünscht man sich jedoch, den südseitigen Fernblick von allen Zimmern aus genießen zu können. Um zwei Vollgeschosse realisieren zu können, wurde deshalb die maximale Traufhöhe ausgenutzt und das Erdgeschossniveau nach unten versetzt. „Es ist ja richtig, dass Bebauungspläne eine bestimmte Bebauungsdichte vorgeben. Dabei wird aber oftmals so wenig die Situation berücksichtigt, dass man am liebsten eine Totalbefreiung beantragen würde. Immer wieder trifft man auf Gestaltungsregeln, die anscheinend eine Weiterentwicklung

der Architektur auch im Einfamilienhausbau verhindern wollen", berichtet der Architekt aus seiner Erfahrung.

Unter diesen Vorbedingungen gestaltete sich der Entwurf als lang gestreckter Baukörper mit Satteldach und einem geforderten allseitigen Dachüberstand von 80 Zentimetern. Es ist gelungen, diese stark in die Gebäudegestalt eingreifende Vorgabe so zu interpretieren, dass der Dachüberstand mit einer Stützenreihe traufseitig abgefangen wird. Indem sich die äußeren Stützen mit der Dachfläche vereinen, entsteht der Eindruck einer zweischaligen Außenhülle. Das eigentliche Haus ist untergestellt und wird gleichsam von einer zweiten Außenhaut geschützt. Für den Holzbau ist diese Situation ideal, da sämtliche holzverschalten Fassaden einschließlich der beweglichen Öffnungselemente auf diese Weise einen wirksamen konstruktiven Holzschutz erfahren. Nach Süden entsteht durch eine Terrasse im Erdgeschoss und einen Balkon im Obergeschoss zusätzlicher Nutzraum unter dem Dachüberstand.

Die Grundrissaufteilung folgt dem konstruktiven Aufbau, bei dem sich Außenwände in Holzrahmenbauweise und ein Skelett aus Einzelstützen zu einem Tragwerk ergänzen. Die Ständerwände erhielten eine Dämmung aus Flachs. In die Sparrenzwischenräume

Durch leichtes Absenken des Erdgeschossniveaus konnten zwei Vollgeschosse realisiert werden, sodass die südorientierten Aufenthaltsräume auch im Obergeschoss von der Aussichtslage profitieren. Eine giebelseitige Betonung der durch den Dachüberstand vorgegebenen zweiten Ebene verleiht den Fassaden ihren attraktiven, mehrstufigen Aufbau.

des Pfettendachs wurde eine 22 Zentimeter dicke Einblasdämmung eingebracht. Auf der Nordseite des Grundrisses reihen sich Nebenräume, Treppe und integrierte Schränke zu einer 1 Meter breiten, dienenden Zone. Ihr vorgelagert befindet sich eine Erschließungsachse, welche räumlich dem Wohnraum zugerechnet wird. Zahlreiche große Einbauschränke ersetzen zusammen mit dem Schopf am Carport den Keller. Der an der Traufe positionierte Vorbau aus Brett-

schichtholz trägt die Balkone und nimmt den Sonnenschutz aus leichtem Tuch auf. Im Winter kann mit der tief stehenden Sonne, deren Strahlen durch die laubfreien Bäume in die großzügig nach Süden geöffnete Fassade einfallen, ein guter Wärmezugewinn erreicht werden. Als gelungener Entwurf ist unter Berücksichtigung ökologischer Aspekte ein individuelles Haus mit viel Licht und Atmosphäre entstanden – genau das, was die Bauherren sich gewünscht haben.

Unter dem Dachüberstand entsteht zusätzlicher Nutzraum in Form von Terrasse und Balkon.

Als edle Maßarbeit vom Schreiner ziehen sich die angewendelten Stufen der Treppe ins Obergeschoss. Die Fläche darunter wird als Stauraum genutzt.

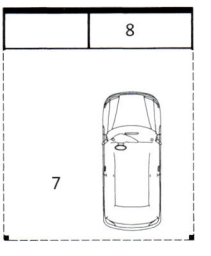

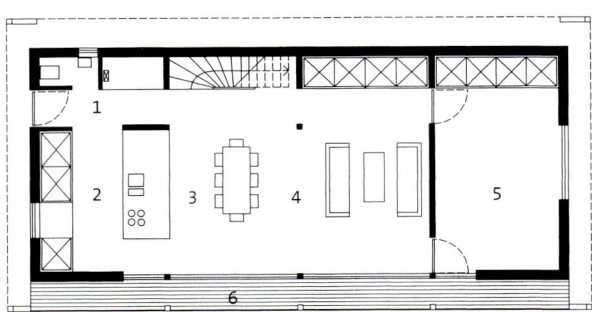

**Erdgeschoss**
M 1:200

1 Eingang
2 Kochen
3 Essen
4 Wohnen
5 Zimmer
6 Terrasse
7 Carport
8 Lager

Wenn die Sonne scheint, verlagern sich die Wohnaktivitäten von innen nach außen. Große Bäume bieten im Sommer zusätzlichen Sonnenschutz.

Mit zahlreichen Fenstertüren öffnet sich das Haus zur Landschaft mit einem fantastischen Blick auf das Schweizer Ufer.

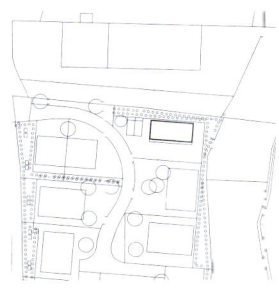

Lageplan

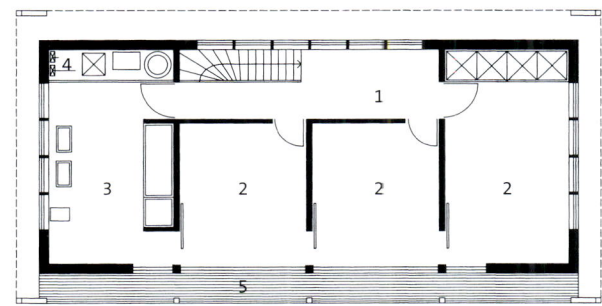

**Erdgeschoss**
M 1:200

1 Flur
2 Zimmer
3 Bad
4 Technik
5 Balkon

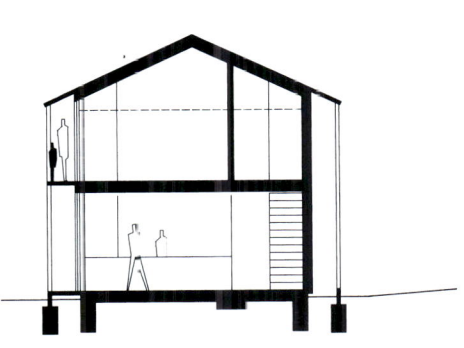

**Schnitt**
M 1:200

# WOHNEN MIT EINEM DENKMAL

**Gebäudedaten**

Grundstücksgröße: 3.004 m²
Wohnfläche: 160 m²
Zusätzliche Nutzfläche:
12 m²
Anzahl der Bewohner: 2
Bauweise: Holzmassivbau
Baujahr: 2003
Baukosten pro m² Wohn-
und Nutzfläche: 1.279 Euro
Baukosten gesamt:
220.000 Euro
Heizenergiebedarf:
25 kWh/m²a

Am Rande des Dörfchens Sielow, das seit einigen Jahren zum Stadtgebiet von Cottbus gehört, steht eine alte Holländerwindmühle aus dem Jahr 1848, die längst ihre Flügel verloren hat. Um 1914 wurde das Mahlwerk auf Motorbetrieb umgerüstet. Zu dem runden Mühlenbau kamen zwei Maschinenhäuser, die ein malerisches Ensemble aus einfachen Bauformen unterschiedlicher Größe und Geometrie bilden. Bis 1970 war die Mühle in Betrieb und wurde vom letzten Müller auch danach noch gepflegt. Mit geschütztem Inventar und zwischenzeitlich mit dem Status eines technischen Denkmals versehen, verbot es sich, den romantischen Mühlturm zu Wohnzwecken auszubau-en. Erst in jüngster Zeit konnte die Mühle aus ihrem Dornröschenschlaf erweckt werden. Der Bauherr, Professor für Baugeschichte und Vorsitzender des Lan-desdenkmalrats, konnte durch sein Konzept, das En-semble durch ein Wohnhaus zu erweitern und den Mühlenturm als Museum zugänglich zu machen, die Behörden vom langfristigen Erhalt des Denkmals überzeugen.

Mit großem Gespür für die Situation haben die Ar-chitekten dem vorhandenen Bestand das Wohnhaus hinzugefügt, wobei die Typologie von markanten Einzelbauten beibehalten wurde, zugleich aber der Neubau durch deutliche Abstraktion einen eigenstän-digen Ausdruck erhielt. Mit einer Außenhaut aus un-behandelten Lärchenholzlamellen, die sich über Dach und Wand ziehen und bald eine silbergraue Patina annehmen werden, nähert sich der Neubau allmäh-lich dem Charakter und Charme der vorhandenen Ziegelbauten an und wird wie selbstverständlich da-zugehören. Als Verbindungsglied zwischen Alt und Neu dient eine verglaste Eingangshalle, an die sich das Wohnhaus anschließt.
Das vollkommen stützenfreie Erdgeschoss dient aus-schließlich dem Wohnen mit Küche und Essplatz. Auch das Obergeschoss mit den Privaträumen lässt eine variable Raumaufteilung zu. Diese Flexibilität ist der Holzmassivbauweise zu verdanken, deren vorgefertig-ten Dickholz-Plattenelemente für Außenwände und Decken einen von der Tragfunktion befreiten Innen-

Unverkennbar modern als Holzbau mit skulpturaler Qualität erweitert das Wohnhaus den Bestand, ohne mit ihm in Konkurrenz zu treten.

Höchst unterschiedlich in
Material und Form, scheint
das ungleiche Paar aus
Mühlenturm und Wohnhaus
doch eine harmonische
Beziehung zu unterhalten.

Wie aus einem Stück prä-
sentiert sich der einheitlich
mit Lärchenholzlamellen
eingehüllte Baukörper.
Die gezielt ausgestanzten
und präzise gerahmten Öffnungen spiegeln die Sichtbeziehungen von innen in
die Landschaft wider.

89

Gegenüber dem monumentalen Kegelstumpf der alten Mühle behauptet sich das Haus durch formale Zurückhaltung und mit einer uniformen Hülle aus Lärchenholzlamellen.

ausbau ermöglichen. Besonderer Augenmerk wurde auf die Öffnungen in der Fassade gelegt – sie wurden von innen nach außen geplant und erhielten Namen, wie „Panorama-" und „Sternenfenster". Scheinbar regellos über die Außenhaut verteilt, treten sie jedoch gezielt mit der Umgebung in Beziehung und verlei-

hen dem Haus einen unerwarteten skulpturalen Charakter.

Ökologisch vorbildlich umfasst das Haustechnikkonzept für die Heizung eine Wasserwärmepumpe, die als Energiequelle für eine Niedertemperatur-Strahlungsheizung die Wärme über die Wandflächen an die

**Erdgeschoss**
M 1:200

1  Mühlenmuseum
2  Versammlung / Bibliothek
3  Halle / Verbinder
4  Hausanschluss
5  WC
6  Arbeiten / Gast
7  Wohnen
8  Kochen
9  Abstellraum

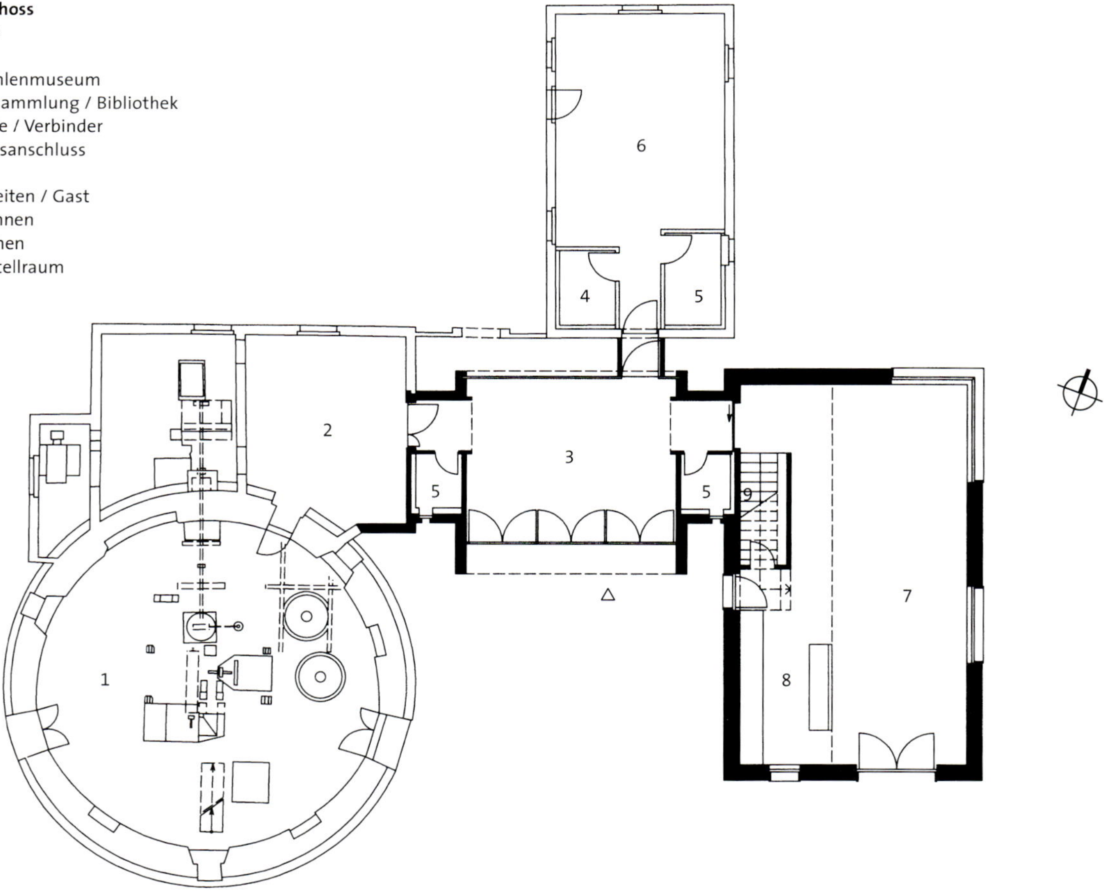

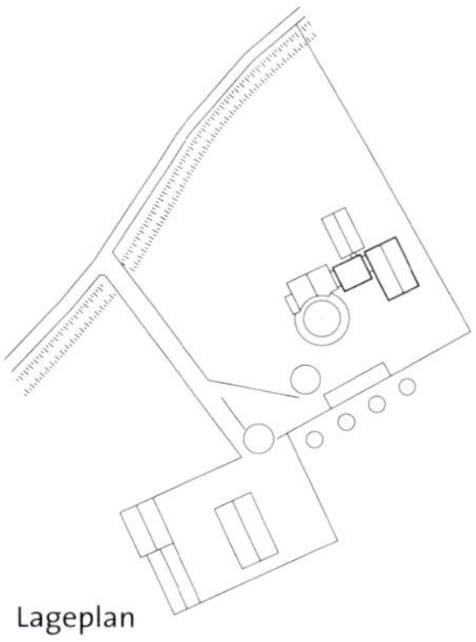

Lageplan

Als offenes Funktionsele-
ment ist die Küche Teil des
großen Wohn-/Essraums.

Gezielt gesetzte Fenster-
öffnungen wirken wie
Passepartouts für die aus
dem Inneren wahrnehmba-
ren Landschaftsausschnitte.

Innenräume abgibt. So werden ein behagliches Raum-
klima sichergestellt und Zugerscheinungen minimiert.
Mit seiner innovativen Holzkonstruktion und einer
Außenhülle, die sich wie ein einheitlicher Mantel um
das Gebäude legt und dabei ohne die sonst üblichen
Gestaltungselemente für Dachrand, Traufe und Sockel

auskommt, gewinnt der Baukörper eine monolithische
Gestalt. Als zeitgenössischer Kontrapunkt zum alten
Mühlenturm erweitert das neue Wohnhaus das
Baudenkmal ohne ihm die Schau zu stehlen.

**Obergeschoss**
M 1:200

1  Mühlenmuseum
2  Bad
3  Schlafen
4  Erweiterungsfläche

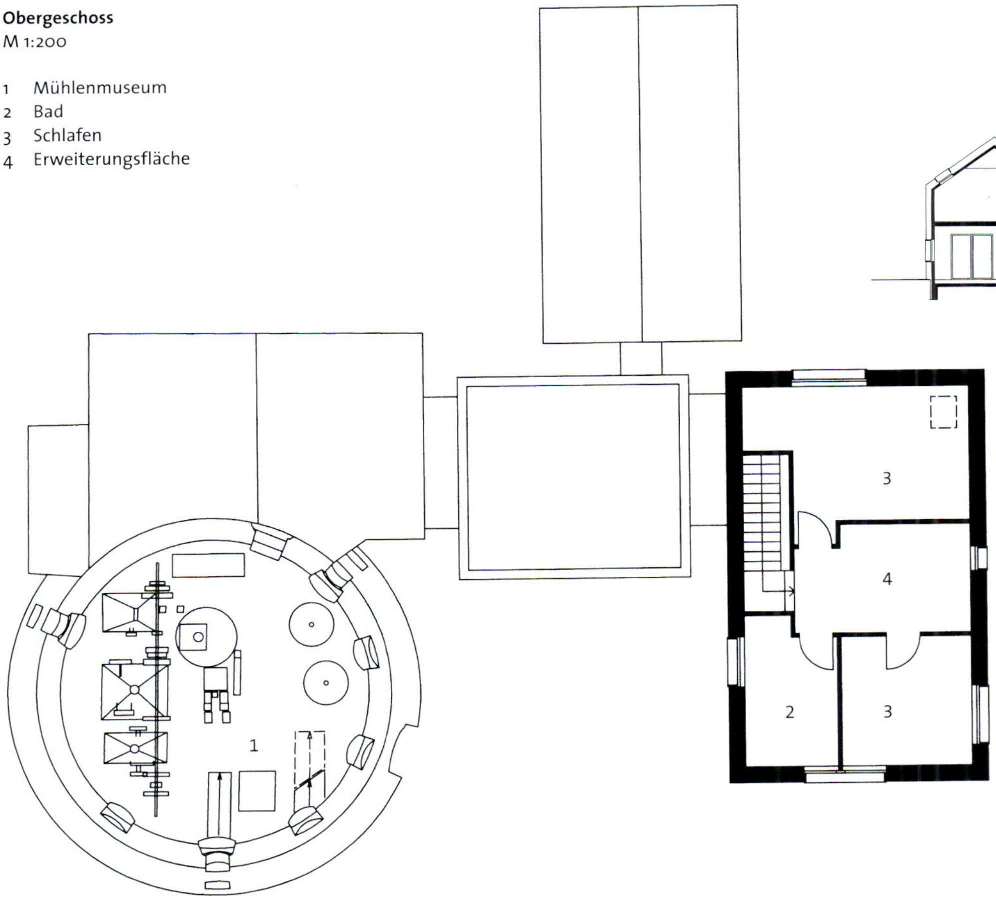

**Schnitt**
ohne Maßstab

# DER AUSSICHT ZUGEWANDT

**Gebäudedaten**

Grundstücksgröße: 1.054 m²
Wohnfläche: 190 m²
Zusätzliche Nutzfläche:
55 m²
Anzahl der Bewohner: 4
Bauweise: Holztafelbau
Baujahr: 2004
Baukosten pro m² Wohn-
und Nutzfläche: 1.102 Euro
Baukosten gesamt:
270.000 Euro
Heizenergiebedarf.
70 kWh/m²a

Ein baumbestandener Hang oberhalb der Stadt Tübingen mit Blick auf den Albtrauf bildet die reizvolle Umgebung für dieses Haus mit drei Wohnebenen. Der quaderförmige Neubau in dieser traumhaften Südlage war möglich, da der Vorgängerbau aufgrund von Baumängeln abgerissen werden musste. Die Architekten nutzten die Chance, auf dem schmalen langen Grundstück ein neues, der Aussicht zugewandtes Wohnhaus zu entwerfen.

Die Präzision der Kanten und die Materialien Glas und Faserzement bestimmen den Eindruck der regelmäßig gegliederten Fassaden und lassen zunächst nicht an Holz als Baumaterial denken. Auch im Inneren tritt Holz, abgesehen von einem durchgängigen Parkettboden, nicht in Erscheinung. Stahl und Glas bestimmen die Gestalt der filigranen Treppe. Die kompromisslos rechtwinklige Gestalt des Baukörpers bedurfte einer längeren Diskussion mit dem Bauamt, schließlich

konnte doch ein Flachdach realisiert werden. Als kompaktes Volumen auf einer Grundfläche von 6 x 8 Metern ist das Wohnhaus auf insgesamt drei Geschossen organisiert.

Der Eingang auf der nördlichen Schmalseite führt unmittelbar in eine zweigeschossige Erschließungsspange, die das Haus in Längsrichtung durchquert. Kochen, Essen und Wohnen sind in einem großzügigen Raum zusammengefasst, der im Süden und Westen durch eine umlaufende Terrasse erweitert wird. Gläserne Trittstufen werden von einer feingliedrigen Treppenkonstruktion aus Stahl getragen, die im Obergeschoss auf eine ebenfalls mit Glastafeln ausgelegte Brücke führt und die Privaträume sowie ein Arbeitszimmer mit südorientierter Dachterrasse erschließt. Das Sockelgeschoss mit seiner talseitigen Belichtung ist nach Süden als Einliegerwohnung genutzt, während im hinteren, hangseitigen Teil Keller

Wohlproportioniert und mit fast quadratischen Abmessungen tritt die Eingangsseite in Erscheinung.

Abendsonne bis zum Schluss bietet der Balkon im Westen.

In der Verlängerung von
Garage und Carport ent-
wickelt sich das Haus
hangabwärts.

Die regelmäßige Gliede-
rung der Fassaden gibt
den Ansichten Maß und
Proportion.

und Nebenräume Platz finden. Bodenplatte und Umfassungswände aus Stahlbeton stellen den Anschluss
an das Erdreich her. Dieser minimale, massive Unterbau trägt eine Leichtbaukonstruktion aus Holz. Das
Besondere daran ist, dass die Fassadenpfosten nicht
nur als Halterung für die großformatigen Isolierglasscheiben dienen, sondern zugleich auch die Geschossdecken tragen. Dieses Konstruktionsprinzip ermöglicht einerseits eine elegante Raumwirkung und ist
andererseits sehr wirtschaftlich, da die Geschossdecken kontinuierlich randgestützt sind.
Großformatige anthrazitfarbene Fassadenplatten aus
Faserzement bilden die Bekleidung für die geschlossenen Felder. Da sie dasselbe Format besitzen wie die
Isolierglasscheiben, entsteht eine regelmäßige, ablesbare Struktur. Das abstrakte Prinzip der geometri-
schen Ordnung spiegelt sich in einem einheitlichen
modularen Aufbau der Fassaden wider.
Eine Gastherme versorgt die Fußbodenheizung mit
Wärme – die Nachrüstung einer Solaranlage ist bereits vorbereitet.

Leicht und filigran wie ein Vogelnest in luftiger Höhe lugt das Haus auf der Südseite zwischen Baumwipfeln hervor.

Die vorgelagerte Balkonkonstruktion dient der Südfassade auch als Sonnenschutz.

Nach Süden vollständig verglast profitiert das Wohnen maximal von der Aussichtslage.

Schlanke Holzpfosten dienen nicht nur als Halterung der großformatigen Glasscheiben, sondern tragen auch die Geschossdecken.

Mit der zweigeschossigen Erschließungsachse wird das Wohnen zu einem geschossübergreifenden Raumerlebnis.

Raumhohe Verglasungen übereck erweitern den Horizont zu einem unmittelbar vom Wohnraum aus erlebbaren Panorama.

**Erdgeschoss**
M 1:200

1 Eingang
2 Wohnen
3 Essen
4 Kochen
5 Zimmer
6 WC / Dusche
7 Abstellraum
8 Balkon
9 Garage
10 Carport

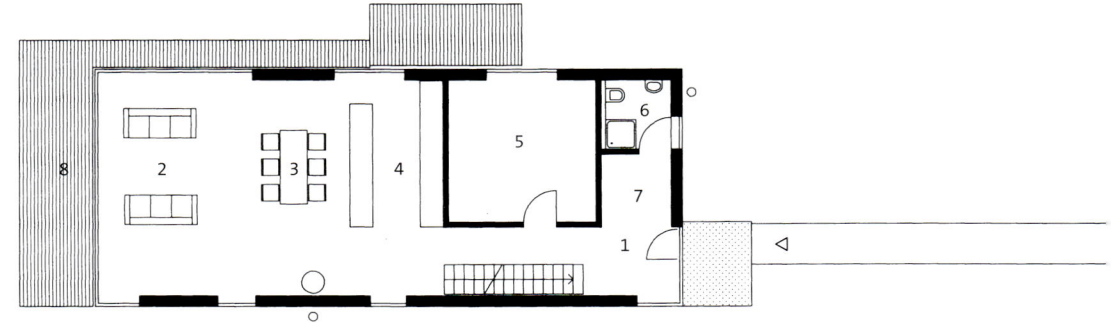

**Gartengeschoss**
M 1:200

1 Eingang Einliegerwohnung
2 Kochen
3 Essen / Wohnen
4 WC / Dusche
5 Hobby
6 Abstellraum
7 Technik
8 Flur
9 Terrasse

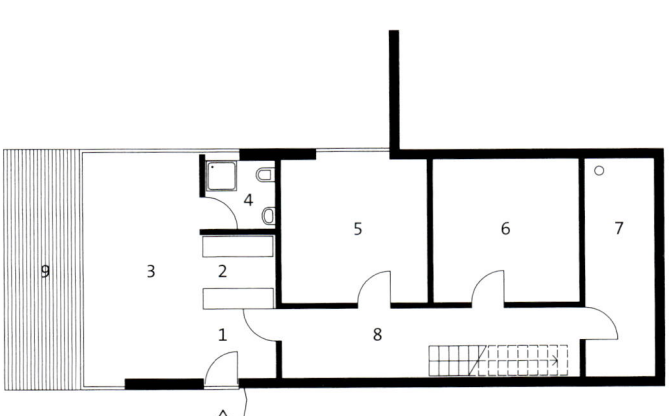

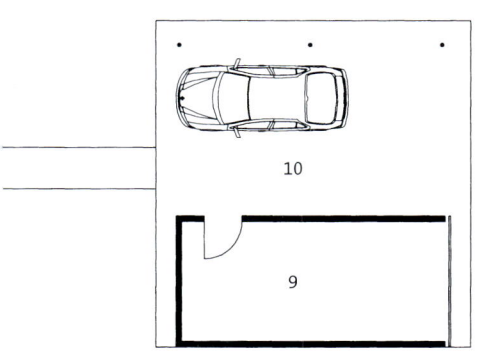

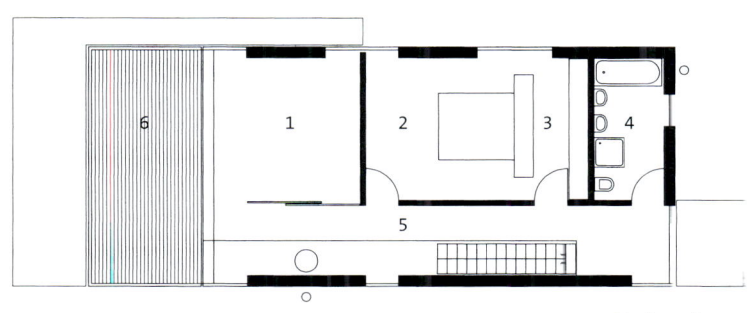

**Dachgeschoss**
M 1:200

1 Arbeiten
2 Schlafen
3 Ankleide
4 Bad
5 Flur
6 Terrasse

Lageplan

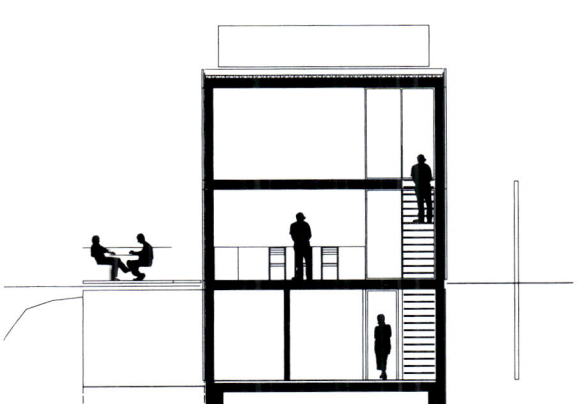

**Schnitt**
M 1:200

Holzrahmenbau in Wörgl
gharakhanzadeh sandbichler architekten, Wien

# HOLZ WIE STAHL

## Gebäudedaten

Grundstücksgröße: 606 m²
Wohnfläche: 150 m²
Zusätzliche Nutzfläche:
51 m²
Anzahl der Bewohner: 4
Bauweise: Holzrahmenbau
Baujahr: 2002
Baukosten pro m² Wohn-
und Nutzfläche: 1.466 Euro
Baukosten gesamt:
220.000 Euro
Heizenergiebedarf:
64 kWh/m²a

Ein außergewöhnliches Interesse für das Material Holz steht am Anfang dieses Projekts. „Meine Kindheit verbrachte ich im Sägewerk meines Vaters oder im nahen Wald. Unsere Nachbarn wohnten in einem 300 Jahre alten Bauernhaus aus Holz", berichtet der Architekt, der seine ersten Erfahrungen mit dem Holzbau im Rahmen von Ferienjobs in einer Holzwerkstofffabrik und beim Errichten von Fertighäusern gesammelt hat. Auch Möbel und Inneneinrichtungen und später Architekturmodelle hat er selbst aus Sperrholz gebaut. „Es war für mich als Architekt das Natürlichste, mit diesem Material zu arbeiten." Dazu kamen Bauherren, die seine Begeisterung für das Bauen mit Holz teilten. Als Ergebnis dieser Leidenschaft entstand dieses Einfamilienhaus, das ganz aus Sperrholzfertigteilen gefügt ist.

Ein Obstanger mit fantastischem Blick nach Südosten ist der reizvolle Standort für dieses Tiroler Haus, das aus zwei übereinander gestapelten Kuben besteht. Eine befestigte Rampe führt zum Eingangsbereich im Nordwesten, der die Fuge zwischen dem längs liegenden Unterbau und dem darüber befindlichen Querbau definiert. Von hier aus entwickeln sich die einzelnen Funktionsbereiche mit südostorientiertem Wohn-/ Essraum und Küche sowie einem nordseitigen Wirtschafts- und Technikabteil. Der kompakte Quader im Obergeschoss fasst die Schlafräume zusammen und kragt auf der Nord- und Südseite aus, wobei er im Norden den Eingangsbereich und im Süden die Terrasse überdacht.

Schlanke Stützen aus schichtverleimtem Holz gliedern die Fassade des Unterbaus und bilden nach außen offene Gefache, die teilweise als Vorratsraum für gestapeltes Brennholz dienen. Das System aus vertikalen Pfosten und horizontalen Riegeln bildet ein filigranes Skelett mit multifunktionalen Eigenschaften, die

Über dem Essbereich im Erdgeschoss ist den privaten Räumen im oberen Geschoss eine große Dachterrasse vorgelagert.

Der stark gegliederte Baukörper definiert die einzelnen Funktionsbereiche und schafft Übergänge mit Nutzwert zwischen innen und außen.

Der aufgeständerte Kubus mit den Privaträumen kragt über die Basis mit Wohn- und Nebenräumen aus.

dem Tragwerk, dem Innenausbau und der Fassadenbekleidung dienen. Im Obergeschoss z.B. entstehen innere Gefache, die auch als Regale nutzbar sind. Durch die kraftschlüssige Verbindung mit schichtverleimten Sperrholztafeln auf der Außenseite daraus ein vielseitig beanspruchbares Strukturelement aus Fläche und Rippe. Es übernimmt einerseits eine aussteifende Funktion, andererseits kann es große Spannweiten überbrücken. Zudem sind großflächige Öffnungen innerhalb eines Wandelements möglich. So sind die Fassaden nach Süden weitgehend geöffnet, um von passiven solaren Energieeinträgen profitieren zu können. Dabei wirkt das auskragende Obergeschoss als konstruktiver Sonnenschutz für das zurückgesetzte Erdgeschoss. Wand- und Deckenfelder wurden als Module im Werk vorgefertigt und

erlaubten aufgrund ihrer Maßhaltigkeit nicht nur eine rasche Montage, sondern die unmittelbare Komplettierung durch Isolierglasscheiben im Bereich der Außenwände. Ein zentral angeordneter Ofen im Wohnraum beheizt das ganze Haus. Die massiven Ziegelwände im Erdgeschoss sind nicht tragend ausgebildet und dienen als Speichermasse.

„Holz wie Stahl" lautet ein Werbeslogan für schichtverleimtes Sperrholz und meint damit nicht nur die außerordentliche Stabilität dieses Werkstoffs, sondern auch die Möglichkeit, ihn ungeschützt im Außenbereich einsetzen zu können. Ganz im Vertrauen auf diese Technologie sind die Furniere dieses Holzbaus der Witterung ausgesetzt und verleihen dem Wohnhaus mit changierenden Oberflächen seinen spezifischen Charme.

Mit expressiven Rahmen heben sich die Öffnungsflügel aus der vollverglasten Fassade ab.

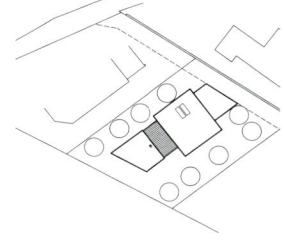

Lageplan

**Erdgeschoss**
M 1:200

1 Eingang
2 Garderobe
3 WC
4 Abstellraum
5 Hauswirtschaft
6 Kochen
7 Vorrat
8 Essen
9 Wohnen
10 Terrasse

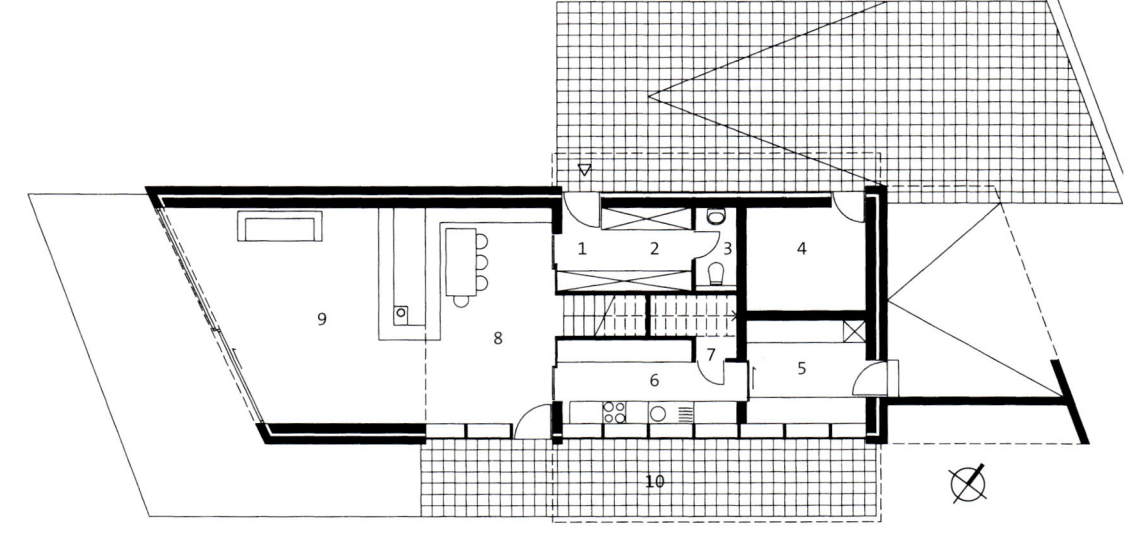

Als Herzstück des Hauses steht der mächtige, holzbefeuerte Ofen im Zentrum der Wohnhalle.

Aus schichtverleimtem Sperrholz bestehen auch die Details des Innenausbaus, wie hier am Beispiel des Brüstungsrahmens.

**Schnitt**
M 1:200

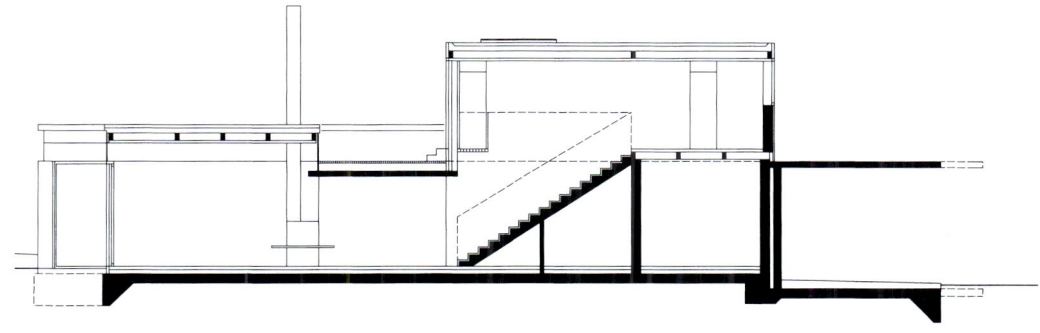

**Obergeschoss**
M 1:200

1 Bad
2 Schlafen
3 Flur
4 Kind
5 Dachterrasse

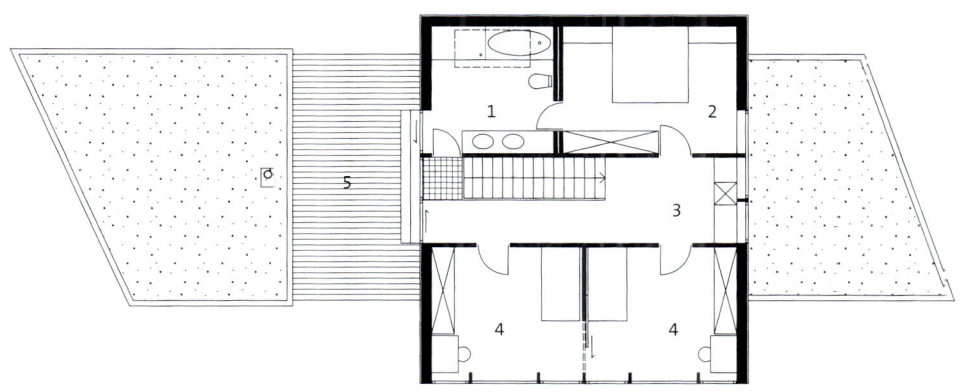

# VILLA MIT PANORAMABLICK

## Gebäudedaten

Grundstücksgröße: 2.205 m²
Wohnfläche: 310 m²
Zusätzliche Nutzfläche:
50 m²
Anzahl der Bewohner: 2–4
Bauweise: Holztafelbau
Baujahr: 2005
Baukosten pro m² Wohn-
und Nutzfläche: keine
Angabe
Baukosten gesamt:
keine Angabe
Heizenergiebedarf:
42 kWh/m²a

Man traut seinen Augen kaum: Scheinbar unbe-
schwert von jeglichem Reglement, das andernorts
nach Putzfassaden und rot gedeckten Dächern verlangt, sitzt dieses lang gestreckte Haus auf einem
traumhaften Grundstück am Waldsaum, hoch über
dem Bodensee. Seine Form wird durch die auskragenden Geschossebenen noch betont. Rückseitig mit
einer Stützmauer aus Stahlbeton im Hang verankert,
stützt sich der Baukörper nach vorne auf eine Reihe
schlanker Stahlstützen und scheint fast schwerelos
den Kontakt mit dem Grundstück zu halten.
Die geschickte Ausnutzung des Geländeverlaufs ermöglicht die Ausbildung von zwei Eingangsebenen.
Vom Tal kommend erreicht man das Haus im Untergeschoss, in dem Garage und Nebenräume sowie ein
verglaster Eingangsbereich in einer Spange entlang
der rückwärtigen Stützmauer zusammengefasst sind.
Das darüberliegende Wohngeschoss gliedert sich in
zwei Bereiche. Im westlichen Teil befindet sich ein
raumhoch verglaster, offener Wohn-, Ess- und Kochbereich mit Panoramablick über den Bodensee und
die umliegende Bergwelt. Ein offener Kamin dient als

Raumteiler zwischen Wohn- und Essbereich. Ebenfalls
raumhoch verglaste Individualräume befinden sich im
östlichen Teil der Wohnebene. Eine südorientierte
Loggia verbindet alle Räume dieser Ebene und erweitert sich nach Westen zu einer überdeckten Terrasse.
Den Höhepunkt des Wohnerlebnisses bildet die Bibliothek im Obergeschoss mit vorgelagerter Terrasse.
Typisch für die Herangehensweise der Architekten an
die Bauaufgabe ist die materialgerechte Verwendung
von Holz. Während die Gebäudeteile, die mit dem
Erdreich in Berührung kommen, aus Stahlbeton, Glas,
Stein und Metall bestehen, ist der gesamte Holzaufbau von Luft umweht und damit wirksam vor Feuchtigkeit geschützt. Aus gesundheitlichen und ökologischen Gründen wurde auf synthetische Holzschutzmittel und Lacke verzichtet. Alle verwendeten
Materialien sind naturbelassen. Zum Bauen mit Holz
sagen die Architekten: „Holz ist ein traditioneller und
landschaftstypischer Baustoff mit hoher Wertschöpfung und lebendiges Baumaterial für eine ideale
Umsetzung zeitgemäßer und kreativer Wohnformen."
Im Baustoff Holz sehen sie einen nachwachsenden

Das eingerückte Unter-
geschoss bietet Raum für
eine Garage, den verglasten
Eingangsbereich und jede
Menge trocken gelagertes
Brennholz.

Sehr schlanke Stahlstützen
tragen das Haus talseitig,
sodass es losgelöst vom
Gelände auf einer Höhen-
linie zu schweben scheint.

Als gelungener Eingriff in
den attraktiven Naturraum
setzt das Haus einen arti-
fiziellen Kontrapunkt zur
Schönheit der Natur.

Rohstoff, der sich seiner Umgebung anpasst. Der Gebäudeentwurf bedarf einer der Umwelt und dem Nutzer gegenüber verträglichen Planung mit hohen ethischen Anforderungen. Innovative Lösungen werden deshalb mit großer Aufmerksamkeit auf die soziale Verantwortung der Schöpfung gegenüber überprüft. Daraus leitet sich der Einsatz von erneuerbaren, nachwachsenden und umweltverträglichen Baustoffen ab. Ein Leitgedanke des Entwerfens ist dabei die Verbindung ökologischer und ökonomischer Aspekte mit hohen gestalterischen und statischen Anforderungen.

Die elegante, fast schwerelos wirkende Erscheinung dieses Gebäudes ist deshalb das folgerichtige Ergebnis einer vorurteilsfreien Betrachtung der konstruktiven und bauphysikalischen Möglichkeiten des Holzes

Oben: Als durchgängige Scheiben begrenzen Decke und Boden den Wohnraum und rahmen das Panorama.

Unten: Scheinbar ohne den Geländeverlauf zu unterbrechen passt sich der Baukörper in Stufen dem Hang an.

und einer dem Nutzer verpflichteten Planung, die den Gebrauchswert auch mit ästhetischen Gesichtspunkten zu verbinden weiß. Ein Beispiel für das Denken in natürlichen, nachhaltigen Kreisläufen ist die Tatsache, dass der gesamte Heizwärmebedarf des Gebäudes über eine Holzheizung bereitgestellt wird. Die großen Glasflächen wurden als Dreifach-Wärmeschutzverglasung mit einem U-Wert von 0,6 W/m²K ausgeführt, sodass das Haus mit einem Energiebedarf von 42 kWh/ m² pro Jahr auskommt und damit fast einem 3-Liter-Haus entspricht. Die Villa mit Panoramablick beweist eindrucksvoll, dass auch große Häuser mit hohen Anforderungen an Wohnqualität und Wohnkomfort nach ökologischen und umweltschonenden Gesichtspunkten erstellt werden können.

Oben: Der holzbefeuerte Kamin steht im Zentrum des geräumigen Wohnraums mit einem atemberaubenden Ausblick über den Bodensee.

Oben: Zwischen Boden und Decke sorgen großformatige Glasscheiben für einen transparenten Raumabschluss.

Unten: Die Großzügigkeit des Innenraums setzt sich in der Terrasse auf der Westseite fort.

Fast dynamisch wirkt der Wohnraum mit seinem durchgehenden Panoramafenster, an dem die Landschaft vorbeizugleiten scheint.

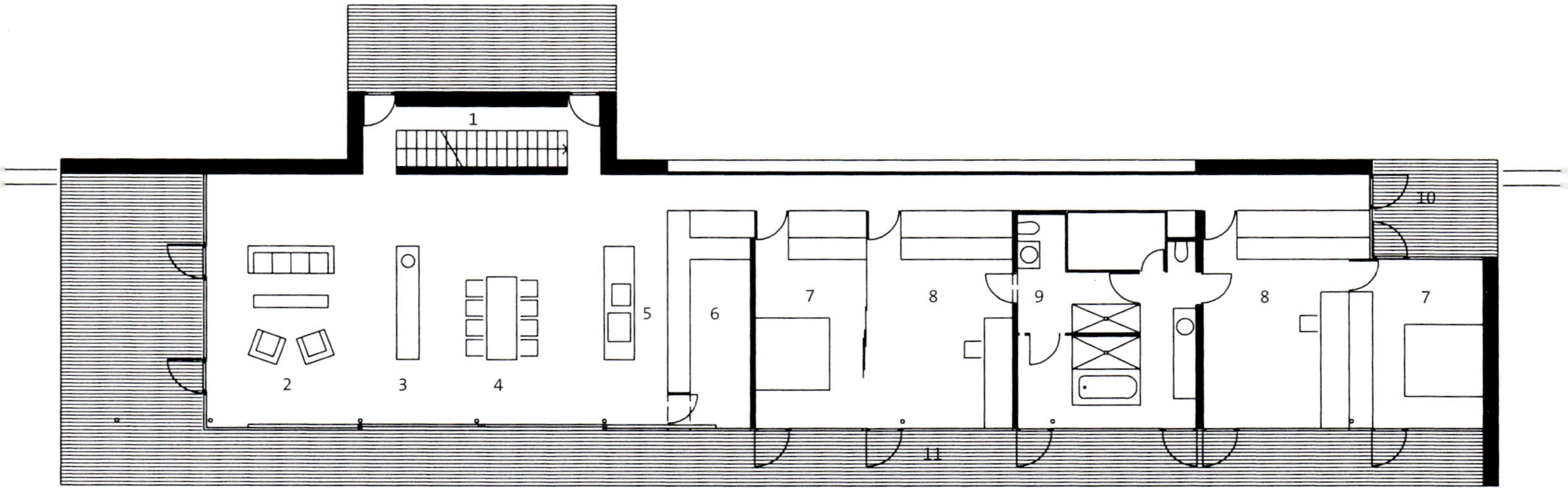

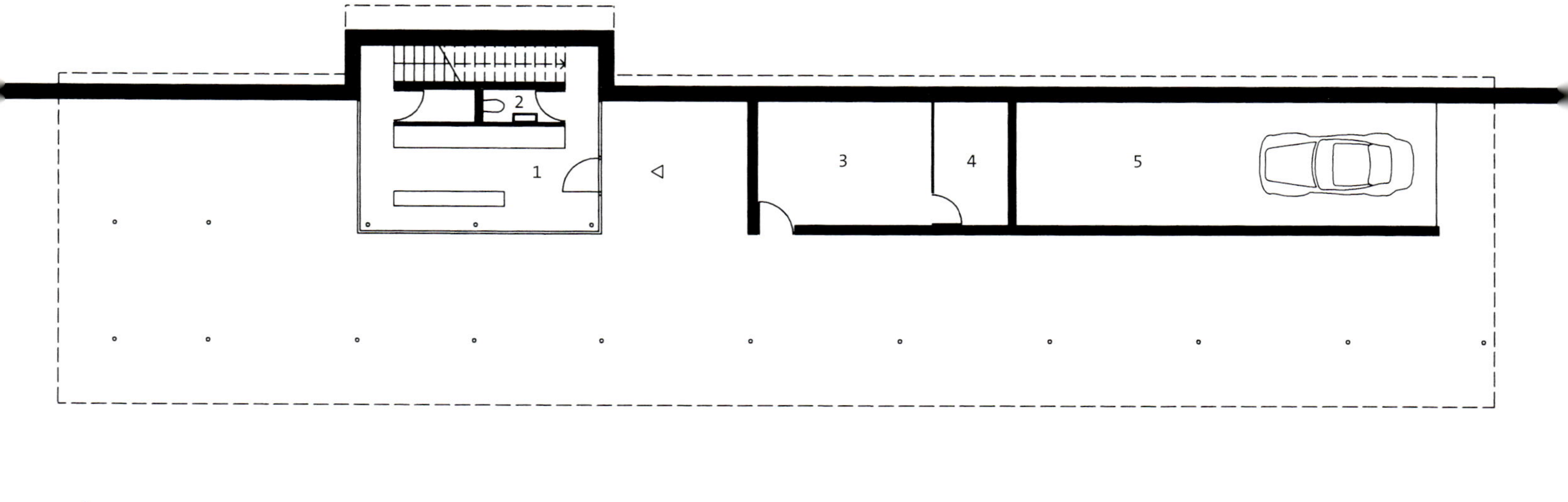

Das Wohnerlebnis erreicht seinen Höhepunkt in der Bibliothek mit vorgelagerter Terrasse im Dachgeschoss.

Die langgestreckte Loggia vermittelt nicht nur den Übergang von innen nach außen, sie ist auch ein wirksamer Sonnenschutz für die vollverglaste Südseite.

**Erdgeschoss**
M 1:200

1 Eingang
2 Wohnen
3 Holzbefeuerter Kamin
4 Essen
5 Kochen
6 Vorrat
7 Schlafen
8 Arbeiten
9 Bad
10 Loggia
11 Terrasse

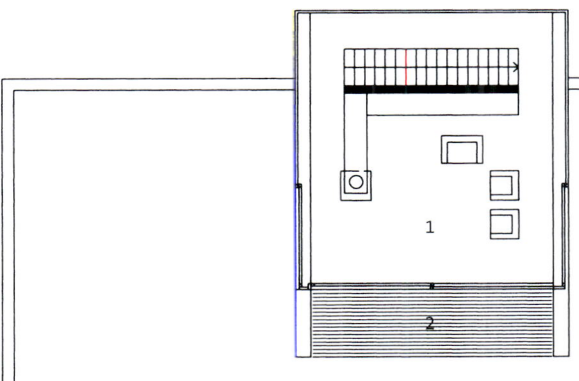

**Obergeschoss**
M 1:200

1 Bibliothek
2 Überdachte Terrasse

**Untergeschoss**
M 1:200

1 Eingang
2 WC
3 Lager
4 Technik
5 Garage

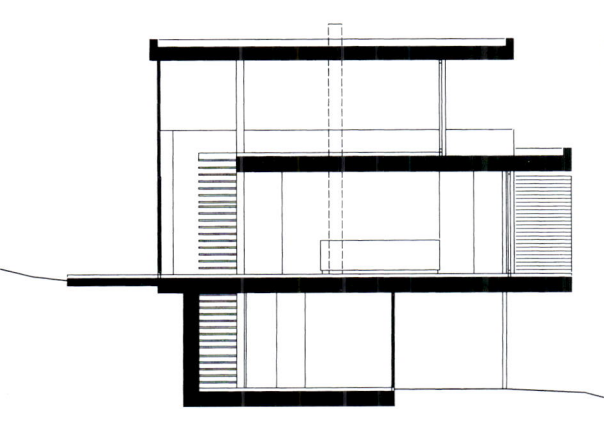

**Schnitt**
M 1:200

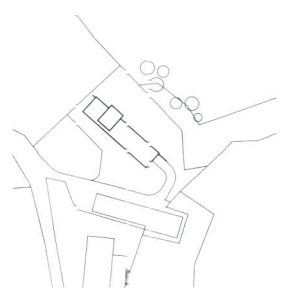

Lageplan

# SCHWARZER BERGKRISTALL

**Gebäudedaten**

Grundstücksgröße: 964 m²

Wohnfläche: 136 m²

Zusätzliche Nutzfläche:

71 m² (Keller, Garage)

Anzahl der Bewohner: 3

Bauweise: Holztafelbau

Baujahr: 2005

Baukosten pro m² Wohn-

und Nutzfläche: 1.860 Euro

Baukosten gesamt:

385.000 Euro

Heizenergiebedarf:

55 kWh/m²a

Mitten im Gebirge in Vorarlberg liegt Dalaas. In steiler Hanglage auf zirka 1.000 Meter über Meereshöhe, in Nachbarschaft traditioneller Siedlerhäuser steht das Haus der dreiköpfigen Familie. Fast unvermittelt ragt die kristalline Form des schwarzen Baukörpers aus dem Wiesengrün empor. Trotz seiner eigenwilligen Farbgebung und dem Verzicht auf einen ortstypischen Dachüberstand fügt sich das Haus gut in seine Umgebung ein. Von dem hellen Grün der beweideten Wiesen hebt es sich kontrastvoll ab, während das Dunkel seiner Fassaden mit dem tiefgründigen Grün des Bergwalds Zwiesprache zu halten scheint.

Auf einem massiven Sockel aus Stahlbeton mit Eingang, Garage und Nebenräumen entwickeln sich zwei Wohngeschosse, die über einen Luftraum im Süden untereinander verbunden sind. Gezielt gesetzte Fensteröffnungen wirken im Inneren wie Passepartouts und rahmen die Berglandschaft ein. Nach Süden erweitert sich der zweigeschossige Wohn-/Essbereich hangseitig auf gleicher Ebene über eine holzgedeckte Terrasse mit Pergola ins Freie. Weder von außen noch von innen gibt sich das Haus auf den ersten Blick als Holzkonstruktion zu erkennen. Großformatige, kunstharzbeschichtete Platten hüllen den Baukörper fast nahtlos ein. Im Gegensatz dazu erstrahlen die Innenwände in makellosem Weiß und lediglich die

Deckenuntersicht mit den charakteristischen Leimfugen einer Brettstapeldecke und das Parkett des Fußbodens weisen auf den Werkstoff Holz hin. Das Holzbausystem „oa.sys" – was so viel heißt wie „offenes Architektursystem" – ist ein flexibles und wirtschaftliches Modulsystem, das mit einem Achsmaß von 1,20 Meter entwickelt wurde. Wand- und Deckenbauteile sind deshalb in Abmessung und Aufbau klar definiert und werden industriell hergestellt. Eine Besonderheit dieses Systems ist die Möglichkeit, jedes Projekt individuell zu gestalten.

Im Unterschied zur herkömmlichen Holzständerbauweise, bei der die Kanthölzer mit nur einer Platte kraftschlüssig verbunden sind, handelt es sich bei diesem System um Sandwichelemente in einer Dicke von 30 Zentimetern mit beidseitiger Beplankung. Als hinterlüftete Fassade kann die Außenhaut des Gebäudes sowohl aus einer Holzschalung als auch, wie in diesem Fall, aus einer Bekleidung mit Fassadenplatten bestehen. Die hier verwendeten Trespa-Platten werden als großformatige ebene Platten hergestellt und zeichnen sich durch hohe Witterungsbeständigkeit und Farbechtheit aus. Bei den Deckenelementen kann zwischen Brettstapel- und Sandwichelementen gewählt werden, wobei Spannweiten bis zu 6 Meter möglich sind. Das Holzbausystem umfasst auch die

Mit scharfen Kanten hebt sich das Haus wie ein schwarzer Kristall von der bewaldeten Bergflanke ab.

Hangseitig definiert die holzgedeckte und teilweise überdachte Terrasse einen geschützten Freibereich.

Integrationsmöglichkeit unterschiedlicher Heizsysteme mit einer Wärmeverteilung über den Fußboden oder durch Radiatoren, sowie vorgefertigte Installationsmodule für die Nassbereiche und Verteilung. Hinter dem Konzept des Baukastens steht die Idee, das Bauen in Zukunft einfacher und preiswerter zu machen, ohne dabei auf individuelle Qualität verzichten zu müssen. Ziel des Systembaus ist deshalb nicht das Einheitshaus, sondern eine mit dem Bauherrn entwickelte und auf ihn zugeschnittene Architektur.

Die feine Linienstruktur der Brettstapeldecke zeigt die Holzkonstruktion im Inneren.

Durch die zweigeschossige Wohnhalle wirkt der Innenraum großzügig.

Lageplan

**Untergeschoss**
M 1:200

1 Eingang
2 Hauswirtschaft
3 Keller
4 Holzpelletlager
5 Heizung
6 Garage

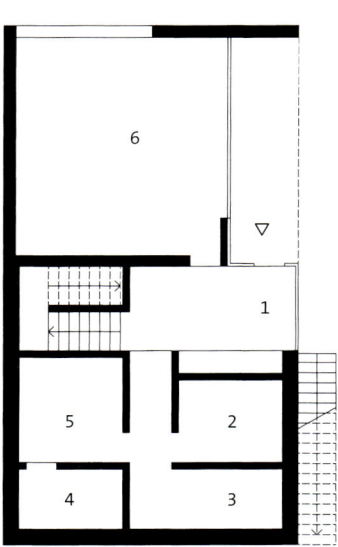

Zwischen Wandelementen eingespannt werden die beiden Läufe der Podesttreppe zu einem transparenten Architekturelement.

Beide Esstische, der eine im Freien unter einem geschützten Vordach, der andere in der Wohnhalle, sind von der offenen Küche aus gut erreichbar.

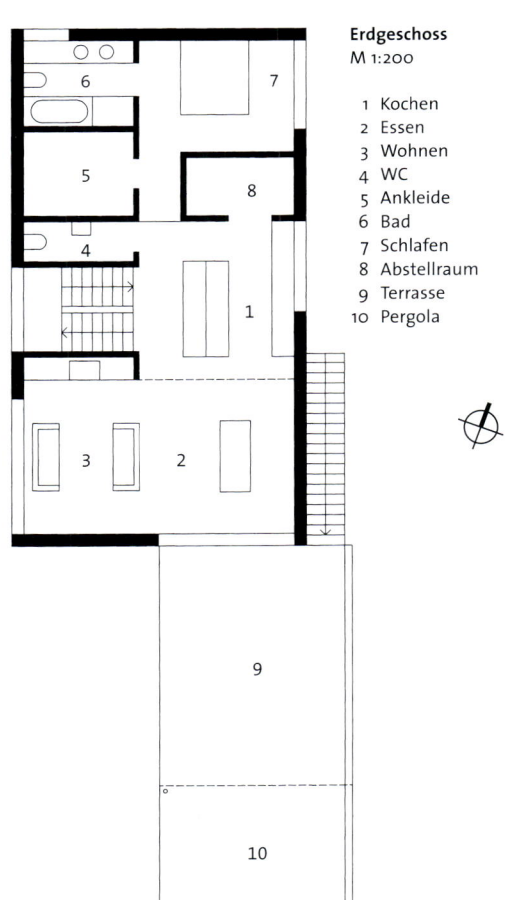

**Erdgeschoss**
M 1:200

1 Kochen
2 Essen
3 Wohnen
4 WC
5 Ankleide
6 Bad
7 Schlafen
8 Abstellraum
9 Terrasse
10 Pergola

**Obergeschoss**
M 1:200

1 Arbeiten
2 Luftraum
3 WC / Dusche
4 Zimmer

**Schnitt**
M 1:200

# IN WOLLE
# GEPACKT

**Gebäudedaten**

Grundstücksgröße: 1.000 m²
Wohnfläche: 173 m²
Zusätzliche Nutzfläche:
93 m² (Keller, Garage)
76 m² (überdachteTerrasse)
Anzahl der Bewohner: 1
Bauweise: Holzskelettbau
Baujahr: 2003
Baukosten pro m² Wohn-
und Nutzfläche: 1.128 Euro
Eigenleistung:
2.000 Arbeitsstunden
Baukosten gesamt:
300.000 Euro
Heizenergiebedarf:
19 kWh/m²a

So gar nicht ländlich wirkt dieser elegante Pavillon am Ortsrand von Trosselsdorf, einem Teil der Gemeinde Neumarkt im Mühlkreis. Mit einer schwerelos erscheinenden, über das Terrain angehobenen Bodenplatte und einem von äußerst filigranen Stahlstützen getragenen Flachdach scheint der Baukörper zwischen den umgebenden Obstbäumen zu schweben. Das Mühlviertel mit seinen weichen, durch eiszeitliche Überformung rund geschliffenen Geländeformationen, in denen sich bewaldete Rücken mit weiträumigem Grünland abwechseln und mächtige Vierkanthöfe den Außenbereich dominieren, ist die Heimat des besonders umweltbewussten Bauherrn. Hier erfüllte er sich seinen Traum von einem energieautarken Holzhaus, das er zum großen Teil selbst bauen konnte. Nachdem er die Weißtannen zum Hausbau eigenhändig gefällt hatte, erlernte er das Zimmerhandwerk und beauftragte schließlich die Architekten mit der Planung

eines Passivholzhauses. Autonomie und Ressourcenschonung waren die Leitlinien für die Konstruktion, während der Entwurf ein Haus zum Leben mit Platz für künftige Entwicklungen liefern sollte.
Eine selbstbautaugliche Holzskelettkonstruktion mit einfachen Verbindungen, die auf einer Fundamentplatte aus Stahlbeton errichtet wird, entspricht exakt diesen Vorgaben. Dabei bildet die dreiseitig umlaufende, überdachte Terrasse eine witterungsgeschützte Zone für die nach Süden gerichtete Verglasung und die holzbekleidete Ost- und Westfassade. Eine Wetterhaut aus Kupferblech dient als Holzschutz an der Nordseite, da dort kein schützendes Vordach vorhanden ist. Der annähernd quadratische Grundriss gliedert sich in drei Zonen, wobei eine mittige Erschließungsachse die nördliche Raumspange vom Wohntrakt mit vorgeschalteter Nebenraumzone im Süden teilt. Eine massive Natursteinmauer grenzt den

Schlanke Stahlsäulen und ein umlaufendes Vordach lassen das Haus wie einen eleganten Pavillon erscheinen. Im Vergleich zwischen Tag- und Nachtansicht wird der Bezug der Wohnräume zum Naturraum besonders deutlich sichtbar.

Als vermittelndes Element zwischen Innen- und Außenraum erweitert die überdachte Terrasse den Wohn-/Essbereich ins Freie.

Wohnbereich gegenüber den Nassräumen ab und bildet als Speicherwand einen thermischen Puffer innerhalb der Leichtbaukonstruktion. Eine Dreifach-Isolierverglasung bildet eine wärmetechnisch höchst effiziente Barriere zwischen innen und außen und ist dabei eine vollkommen transparente Schranke. Schafwolle füllt die Gefache der Holzständerwände und sorgt für eine effektive Wärmedämmung, während die Glasflächen der Außenwand die Sonnenwärme ins Haus einlassen. Eine thermische Solaranlage dient der Brauchwassererwärmung und Heizungsunterstützung. Die Fotovoltaikanlage auf dem Dach liefert mehr Strom als verbraucht wird. „Ich habe einmal ordentlich investiert, dafür habe ich jetzt praktisch keine Fixkosten. Die Sonne schickt keine Rechnung", erläutert der zufriedene Bauherr.

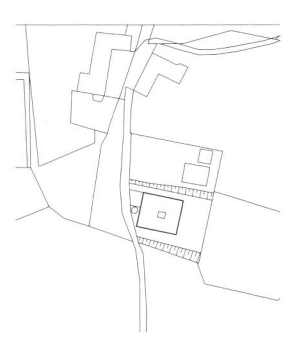

Lageplan

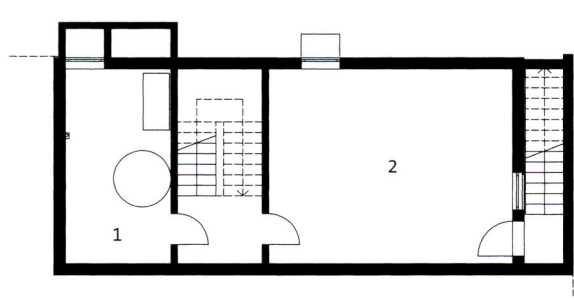

**Kellergeschoss**
M 1:200

1 Technik / Holzlager
2 Lager

**Schnitt**
M 1:200

Vollkommen im Einklang mit der Natur zeigt sich die Holzkonstruktion mit sichtbar belassenen Oberflächen und Strukturen.

Das weite Vordach beschirmt die großflächige Glasfassade.

Holz ist das vorherrschende Material im Inneren. Nicht nur die ablesbare Struktur des Skelettbaus mit Stützen und Trägern, sondern auch der leinölgetränkte Tannenboden und die konsequent aus Holz gefertigte Einrichtung mit der zweizeiligen Küche, dem Esstisch und den Regalen, atmet die sinnliche Materialität des Holzes. Das Ergebnis ist eine Harmonie von Innen- und Außenraum und eine zeitlose Verbindlichkeit.

**Erdgeschoss**
M 1:200

1 Eingang
2 Flur
3 Lager
4 Zimmer
5 Bad
6 Sauna
7 Wohnen
8 Essen
9 Kochen
10 Arbeiten
11 Garderobe
12 Garage
13 Terrasse

# SCHWERELOSE NIEDERLASSUNG

**Gebäudedaten**

Grundstücksgröße: 453 m²
Wohnfläche: 125 m²
Zusätzliche Nutzfläche: 7 m²
Anzahl der Bewohner: 3
Bauweise: Holztafelbau
Baujahr: 2002
Baukosten pro m² Wohn-
und Nutzfläche: 1.212 Euro
Baukosten gesamt:
160.000 Euro
Heizenergiebedarf:
73 kWh/m²a

Eine Vorarlberger Streusiedlung mit Wohnhäusern und Holzschuppen zwischen Streuobstwiesen bildet die Umgebung für dieses Wohn- und Atelierhaus. Im Hintergrund erheben sich die Berge und sind doch nicht so nah, als dass sie diesen friedlich wirkenden Lebensraum allzu stark bestimmen könnten. Die Bauherren ließen ihren jungen Architekten Freiheit in der Gestaltung. Einzig das knappe Budget sollte unbedingt eingehalten und der Baumbestand auf dem Grundstück so weit wie möglich erhalten werden. Die Umsetzung dieser scheinbar einfachen Bedingungen erforderte ein hohes Maß an gegenseitigem Vertrauen und Verständnis für die Gewohnheiten und Tagesabläufe sowie die Analyse der Raumbedürfnisse und Vorlieben der einzelnen Familienmitglieder.

Locker um den Obstbaumbestand herum geplant erinnert das Haus mehr an eine moderne Variation der umliegenden einfachen Zweckbauten als an ein „richtiges" Haus. Zurückhaltend in der Form, alltagstauglich in der Organisation und pragmatisch in der Konstruktion ist es das Ergebnis eines sorgfältigen Entwurfs- und Planungsprozesses. Durch Subtraktion von

einem gedachten Gesamtvolumen entstehen unterschiedliche Außenräume: ein intimer Hof mit einem alten Kirschbaum, eine zur Landschaft hin offene Terrasse, eine schmale Loggia und ein geräumiger Vorplatz für das Atelier. Einfach und logisch ist auch der Zugang zum Haus konzipiert: Von der Straße aus führt ein Kiesweg am Ateliertrakt vorbei auf einen kleinen Schuppen für Gartengeräte zu, der den Weg zum Eingang lenkt. Jedem Raum ist ein Übergangsbereich zur Wiese zugeordnet, den die Bewohner ganz selbstverständlich in ihren Lebens- und Arbeitsalltag einbeziehen können.

Leicht angehoben, punktuell auf betonierte Streifenfundamente gesetzt, entzieht sich das Gebäude der Bodenfeuchte und gewinnt den Charakter einer schwerelosen Niederlassung. Mehrfach mit dem Außenraum verschränkt wirkt es größer als es ist und bietet ein großräumiges Gefüge an Innen- und Außenräumen mit abgegrenzten Funktionsbereichen. Die Konstruktion wurde gemeinsam mit einer lokalen Holzbaufirma nach ökonomischen Gesichtspunkten optimiert. Boden, Wand und Decke wurden in der

Durch das Aufständern mittels Streifenfundamenten wird die Feuchtigkeit vom Holzbau ferngehalten.

Um die alten Obstbäume
einer Streuobstwiese herum
gebaut, entstehen Freibere -
che unterschiedlicher
Qualität.

Der Entwurfsgedanke,
vorhandene Bäume zu scho-
nen, integriert das Haus wie
von selbst in die Obstwiese.

Massivholzplatten mit 70 Millimeter Stärke aus Lärchenholz bilden eine robuste und winddichte Außenhülle, die weder eine zusätzliche Folienabdichtung noch eine separate Wetterhaut benötigt.

Mit seiner differenzierten Grundrissgestalt wirkt das Haus wie mit der Landschaft verzahnt. Entstehende Freibereiche werden unterschiedlich genutzt.

Lageplan

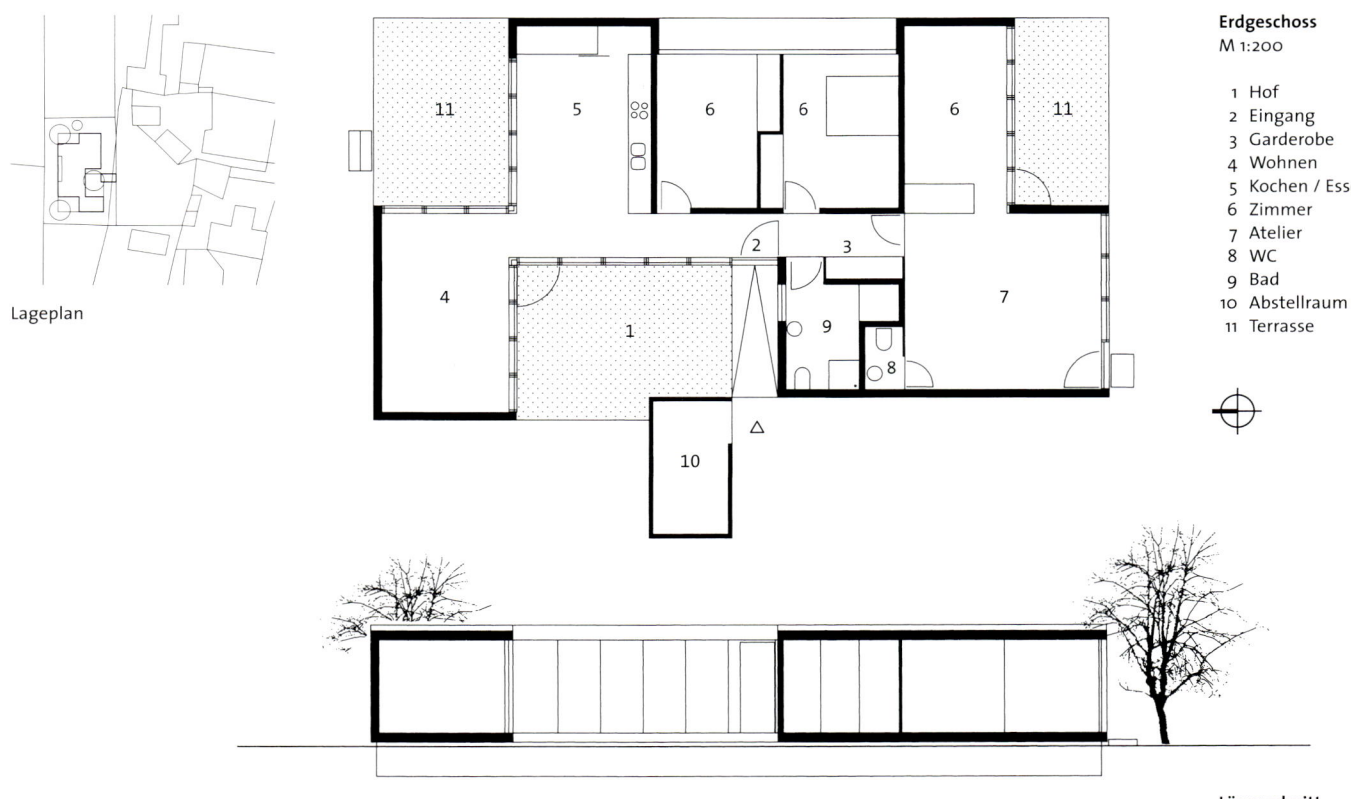

**Erdgeschoss**
M 1:200

1 Hof
2 Eingang
3 Garderobe
4 Wohnen
5 Kochen / Essen
6 Zimmer
7 Atelier
8 WC
9 Bad
10 Abstellraum
11 Terrasse

**Längsschnitt**
M 1:200

**Querschnitt**
M 1:200

Boden- und Deckenele-
mente wurden oberflächen-
fertig eingebaut. Dies trägt
nicht nur zur Wirtschaftlichkeit der Konstruktion bei,
sondern verleiht dem Holzbau auch eine spezifische
Wohnlichkeit.

Zimmerei vorgefertigt und als Module auf der Baustelle nach einem Konstruktionsraster, dem auch alle
Fensteröffnungen unterworfen sind, in effizienter
Weise zusammengefügt. Die tragenden Wände bestehen aus unbehandelten Lärchenmassivholzplatten
mit innenliegender Schafwoll-Dämmung und raumseitiger Gipskartonverkleidung. Decke und Boden
wurden als Sandwichelemente aus OSB-Platten mit
innenraumseitig fertiger Oberfläche hergestellt. Dabei werden die beiden Deckschichten des Sandwichs
jeweils schubsteif mit innenliegenden Kanthölzern

verbunden, sodass Fertigteile von bis zu 12 Metern
Länge entstehen. Obwohl es so wirkt, als sei es schon
immer da gewesen und deshalb genau an diesen
Ort passt, besitzt das Haus eine ihm innewohnende
Leichtigkeit. Nur punktuell mit dem Terrain verbunden
und aus präzisen Fertigteilen gefügt, trägt es den
Gedanken eines variablen Bausystems in sich: „Fast
könnte man auf den Gedanken kommen, es auseinan-
dernehmen und anderswo wieder aufstellen zu können, falls sich die Lebensumstände ändern sollten",
bemerkt der Architekt.

Eine Detaillierung mit
kaum wahrnehmbaren
Fügungen trägt zum ele-
ganten Erscheinungsbild
dieses Wohnhauses bei.

# AUF GRÜNEN WELLEN

**Gebäudedaten**

Grundstücksgröße: 905 m²
Wohnfläche: 165 m²
Zusätzliche Nutzfläche:
40 m²
Anzahl der Bewohner: 3
Bauweise: Mischbau
Baujahr: 2002
Baukosten pro m² Wohn-
und Nutzfläche: 1.100 Euro
Eigenleistung: 30.000 Euro
Baukosten gesamt:
225.000 Euro
Heizenergiebedarf:
15 kWh/m²a

Ein parkartiges Gelände mit lockerer Bebauung ohne besitzanzeigende Einfriedungen, in dem sich einzelne Baumgruppen mit sanft gewelltem Grasland abwechseln, bildet die natürliche Umgebung für dieses Haus im oberösterreichischen Bruck. Unter geschickter Ausnutzung des leichten Gefälles werden für das Wohnen zwei Ebenen in Anspruch genommen. Im Anschluss an den Carport verbindet ein Windfang den Elternteil mit einem separaten Apartment für das Kind im Erdgeschoss. Das Untergeschoss ist den Privaträumen der Eltern vorbehalten und kann aufgrund der Hanglage auf der Westseite mit Tageslicht versorgt werden.

Als eine Fingerübung bezeichnet der Architekt die baubehördlich motivierte Ausbildung eines flach geneigten Satteldachs. Dabei sind zwei Gebäudeflügel so miteinander verschränkt, dass im Inneren gezielte Ausblicke in die Natur ermöglicht werden. Herzstück des Gebäudes ist der große Wohnbereich mit Küche, Essplatz und Sitzgruppe. Die sanfthügelige Landschaft des Alpenvorlands ist darin in verschiedenen Formaten präsent. Gezielt angeordnete Fensteröffnungen als vertikale und horizontale Einschnitte in die Gebäudehülle lenken die Wahrnehmung der Bewohner, ob diese nun stehen, sitzen oder liegen. In Bezug zur Einliegerwohnung ist die Elternwohneinheit als Querachse formuliert, sodass nach Süden ein kleiner geschützter Platz geformt wird, der ideal als Freisitz oder Terrasse zu nutzen ist. Im Unterschied zu anderen Häusern, die den Außenraum niveaugleich an die Wohnebene anzuschließen suchen, hält dieses Haus eine bewusste Distanz zum Gelände. Mit einer raumgreifenden Bewegung kragt der Wohnflügel über den Hang aus und spendet dem darunter liegenden Schlafgeschoss Schatten. Gleich einer Landungsbrücke stellt eine Treppe als Verlängerung der südorientierten Terrasse die Verbindung zum Gelände her. Genauso bewegt wie der die Basis umschließende grüne Saum zeigt sich der Ortgang in der Perspektive. Dadurch werden die sanften Bewegungen der Landschaft verstärkt und zu einem geschützten Innenraum verdichtet. Ein Sockelgeschoss aus Stahlbeton trägt die

Punktuelle, filigrane Stahlstützen sind in die Holz-
konstruktion integriert und
vermitteln die Leichtigkeit
der Konstruktion.

Am Durchdringungspunkt
der beiden Gebäudeflügel
ist eine geschützte Terrasse
angeordnet.

Außenwände in Holzständerbauweise. Filigrane Stahl-stützen und in die Leichtbaukonstruktion integrierte Stahlträger ermöglichen großflächige, vollverglaste Wände im Bereich der Durchdringung der beiden Gebäudeflügel. Das energieeffiziente Konzept des in Mischbauweise errichteten Passivhauses mit einer wärmebrückenfreien Holzkonstruktion, hoch ge-dämmten Fenstern und einer Komfortlüftung mit hoch effizienter Wärmerückgewinnung ist eine Maß-nahme zur Nachhaltigkeit. Der Architekt erläutert dazu: „Trotz Mehrkosten in der Errichtung von rund 10 Prozent machen sich die niedrigen Gesamtbetriebs-kosten angesichts stetig steigender Energiepreise bezahlt." Die zufriedenen Bauherren heben die sehr niedrigen Betriebskosten – 1 Euro pro Quadratmeter Nutzfläche pro Jahr – hervor und freuen sich über die in Zusammenarbeit mit dem Architekten entwickel-ten Einrichtungen und Möbelstücke, die von lokalen Tischlern gefertigt wurden.

**Untergeschoss/
Einliegerwohnung**
M 1:200

1  Eingang
2  Hobby
3  Abstellraum
4  Hauswirtschaft
5  Technik
6  Schlafen
7  Bad
8  Flur
9  WC

**Erdgeschoss**
M 1:200

1  Eingang
2  Garderobe
3  WC
4  Dusche
5  Kind
6  Arbeiten
7  Wohnen
8  Essen
9  Kochen
10 Speisekammer
11 Terrasse
12 Carport

Geschickt geplante Fenster-öffnungen als vertikale oder horizontale Fensterschlitze lenken die Wahrnehmung der Bewohner, ob sie nun stehen, sitzen oder liegen.

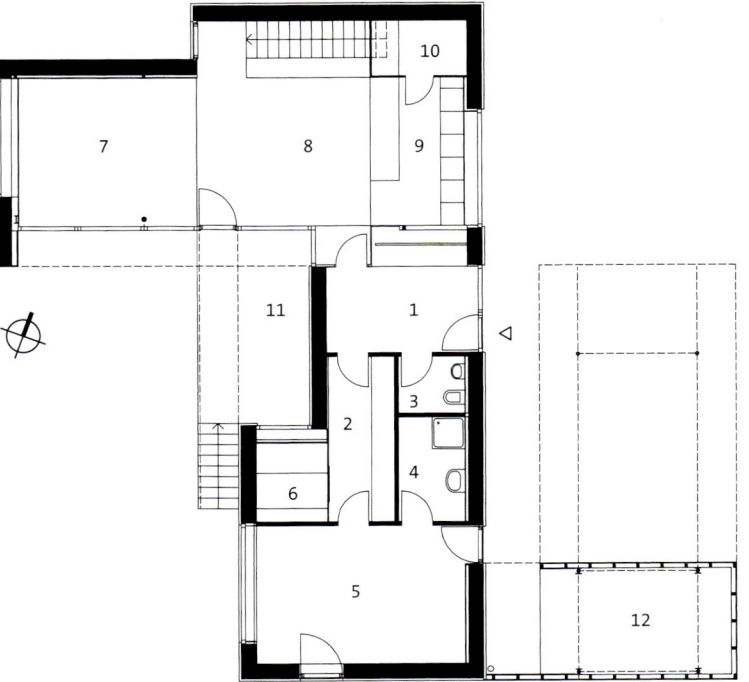

Mit expressiver Linienführung kragt der Wohnflügel über den Hang aus.

**Schnitt**
M 1:200

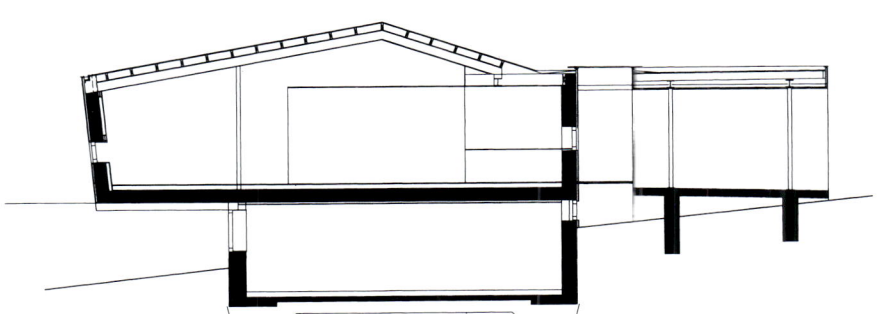

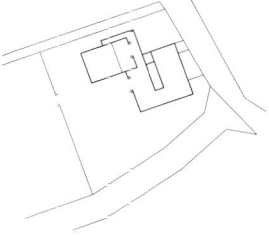

Lageplan

Herzstück des Gebäudes ist der große Wohnbereich mit Küche, Essplatz und Sitzgruppe.

123

# VERJÜNGUNGS-KUR

**Gebäudedaten**

Grundstücksgröße: 2.439 m²
Wohnfläche: 182 m²
Zusätzliche Nutzfläche:
106 m²
Anzahl der Bewohner: 4
Bauweise: Mischbau
(Holz, Stahl)
Baujahr: 2005
Baukosten pro m² Wohn-
und Nutzfläche: 750 Euro
Baukosten gesamt:
216.000 Euro
Heizenergiebedarf:
41 kWh/m²a

Ein über hundert Jahre alter, früher ausschließlich landwirtschaftlich genutzter Stadl bei Pischeldorf in Kärnten dient nach der Renovierung einer Familie als Wohn- und Arbeitsstätte. Bereits in den siebziger Jahren wurde ein Teil des Obergeschosses zu einer Ferienwohnung umgebaut. Durch diesen Eingriff wurde die Typologie des Stadls mit einem gemauerten Sockel, der ursprünglich als Stallung diente, und dem darüber liegenden Holzaufbau in seiner originalen Materialität gestört. Die charakteristische Umrissform mit Satteldach, Gaube und Auffahrt ist jedoch erhalten geblieben und bot die Chance für einen Umbau. Anknüpfend an das Vorhandene ertüchtigt dieser die Konstruktion, sodass sie heutigen Anforderungen für das Wohnen und Arbeiten unter einem Dach genügt, ohne dabei den Charakter des Bauwerks als Stadl aufzugeben. Der Werkstoff Holz mit seinen unterschiedlichen Anwendungsmöglichkeiten spielt dabei eine tragende Rolle.

Zunächst erhielt das Gebäude eine neue Fassade, die als hoch gedämmte Außenwandkonstruktion der ursprünglichen Umrissform folgt. Sägeraue Lärchenholzbretter, die als Wetterschale ohne Längsstoß vertikal verlegt und stumpf genagelt wurden, bilden eine homogene Hülle. Dort, wo früher große Scheunentore das Befahren der Tenne im ersten Obergeschoss und den Zugang zu Holzlege und Stall im Erdgeschoss ermöglichten, stellen jetzt große Glasflächen eine Verbindung zum Außenraum her und können durch Schiebeläden vollkommen geschlossen werden. Im Inneren besteht die raumseitige Schale aus Gipskarton im Bereich der Wände und aus Sperrholz im Bereich von Decke und Dach. Sorgfältig sind diese neuen Oberflächen an das sichtbar belassene alte Holzfachwerk mit Dach- und Deckenbalken angepasst, sodass ein reizvoller Kontrast zwischen Alt und Neu entsteht. Ungeschliffene, zementgebundene Spanplatten dienen als Bodenbelag und ergänzen den Innenausbau, der ebenfalls ganz aus Holzwerkstoffen besteht. „Holz war das einzig logische Baumaterial. Es ist ressourcenschonend, wächst vor Ort und kann durch Betriebe in der Umgebung bearbeitet werden. Sowohl als Low-Tech- als auch als Hightech-Material einsetzbar, ist es ideal für den Selbstbau", erläutert der Bauherr.

Einst als unbewohntes landwirtschaftliches Nutzgebäude konzipiert, besaß der Stadl weder Treppen noch

Die ehemals für die Bedienung des Stadls genutzten Öffnungen ermöglichen heute als großzügige Glasflächen den Kontakt zur Umgebung.

Eine einheitliche Lärchenholzverschalung ohne vertikale Stöße setzt die Tradition des Bauens im ländlichen Raum fort.

Mit geschlossenen Schiebeläden ist die Tarnung des Wohnhauses als Stadl fast perfekt.

Das Lichtspiel bei vorgezogenem Schiebeladen erinnert an die Atmosphäre in einem Heuschober.

Als Gästeapartment bietet das Dachgeschoss jede Menge Platz für den weiteren Ausbau.

Installationen im Inneren. Allerdings ist er so geschickt in das Gelände eingefügt, dass beide Hauptnutzebenen von außen erschlossen werden können. Diese Qualität ist erhalten geblieben: Sowohl die Wirtschaftsräume im Erdgeschoss als auch die Wohnung im Obergeschoss nutzen den Zugang von

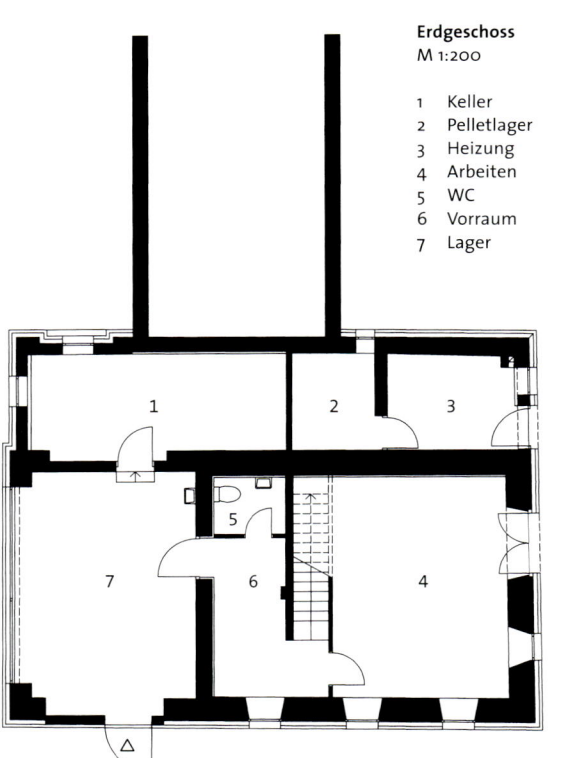

**Erdgeschoss**
M 1:200

1 Keller
2 Pelletlager
3 Heizung
4 Arbeiten
5 WC
6 Vorraum
7 Lager

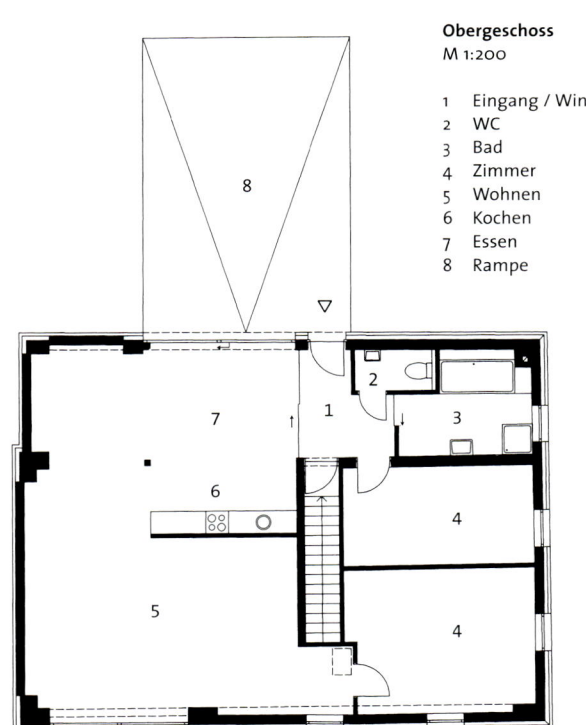

**Obergeschoss**
M 1:200

1 Eingang / Windfang
2 WC
3 Bad
4 Zimmer
5 Wohnen
6 Kochen
7 Essen
8 Rampe

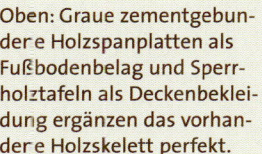

Oben: Graue zementgebundene Holzspanplatten als Fußbodenbelag und Sperrholztafeln als Deckenbekleidung ergänzen das vorhandene Holzskelett perfekt.

Oben: Als Teil der neuen Installation gliedert die offene Küche den großen Wohnraum.

außen. Zur inneren Erschließung und Unterbringung der notwendigen Installationen wurde dem Gebäude in der Art eines minimalinvasiven Eingriffs eine Kernzone implantiert. Mit seinem generösen Raumangebot für das Wohnen und Arbeiten als Ergebnis der Transformation hat der Stadl den Sprung in die Gegenwart geschafft, ohne seine bodenständige Herkunft zu verleugnen. Ausgestattet mit Holzpelletheizung, Solaranlage und Wohnraumlüftung ist er bestens gerüstet, weitere hundert Jahre im Einklang mit der ihn umgebenden Natur zu überstehen.

**Dachgeschoss**
M 1:200

1 Zimmer
2 Wohnen

**Schnitt**
M 1:200

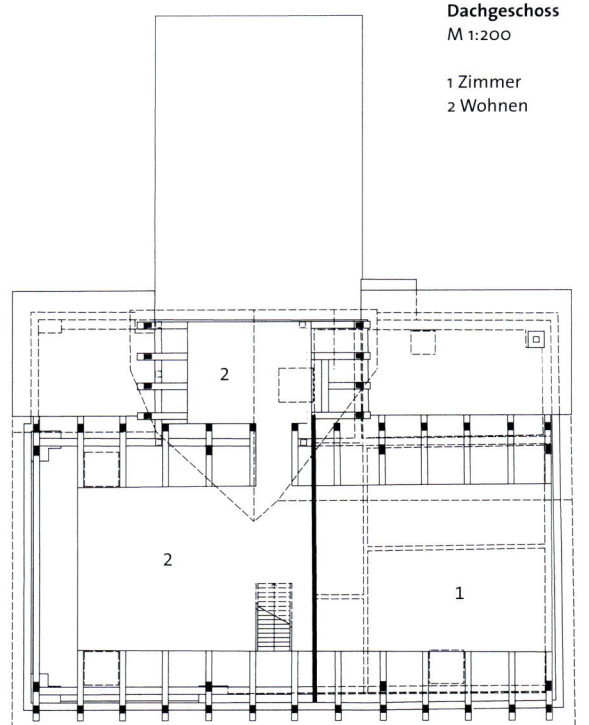

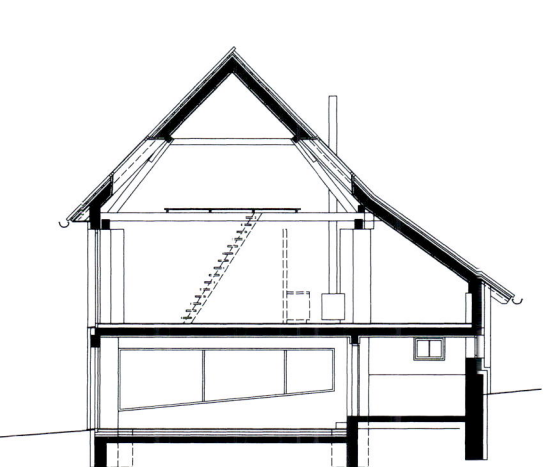

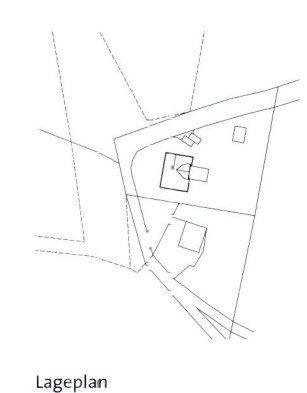

Lageplan

127

# EXPERIMENT IN SCHWARZ-WEISS

**Gebäudedaten**

Grundstücksgröße: 635 m²
Wohnfläche: 129 m²
Anzahl der Bewohner: 4
Bauweise:
Holztafelbausystem oa. sys
Baujahr: 2003
Baukosten pro qm² Wohn-
und Nutzfläche: keine
Angabe
Baukosten gesamt:
keine Angabe
Heizenergiebedarf:
12 kWh/m²a

Außen schwarz und innen weiß – auf diese kurze Formel lässt sich das Farbkonzept dieses bemerkenswerten Hauses im vorarlbergischen Bezau bringen. Eine Baulücke zwischen einer Tennishalle und einem Wohnhaus ist der „Tatort" für dieses spannende Wohnexperiment. Durch Staffelung und gleichzeitige Verschiebung von zwei einander durchdringenden Quadern reagiert der Baukörper auf die beengte Grundstückssituation mit geringen Abstandsflächen. Der Wohn-/Essbereich ist 72 Zentimeter ins Erdreich versenkt, sodass im Inneren ein angenehmes, geschütztes Raumgefühl entsteht. Mit einem Versatz von einem halben Geschoss nimmt der höhere Quader die Privaträume auf. Ein zusätzliches Kellergeschoss bietet Platz für die Haustechnik, einen Wirtschaftsraum und ein Studio.

Im vollkommenen Gegensatz zu dem in Schwarz gehüllten, kompakten Baukörper stehen die lichtdurchfluteten Innenräume, deren Oberflächen ausnahmslos – einschließlich der Einrichtungsgegenstände – in Weiß gehalten sind. „Es war grundsätzlich ein Risiko, das wir einfach eingingen – der Überraschung wegen. Wir hatten Zweifel, ob man sich in diesem konsequenten Weiß wohlfühlen würde", berichtet die Bauherrin, die sich auf dieses Experiment eingelassen hatte und fährt fort: „Heute können wir uns gar nichts anderes mehr vorstellen. Die cleveren Fensterschnitte lassen unterschiedliche Stimmungen zu. Je nach Tageszeit spielt das einfallende Licht mit dem Wohnraum nach Belieben."

Die Lichtführung über ein längs laufendes, durchgängiges Oberlichtband im Wohnraum löst die festgefügte Raumkontur der Wohnebene auf und stellt eine räumliche Verbindung zu den halbgeschossig versetzt angeordneten Privaträumen her. Die höchst individuelle, auf die Umgebung eingehende Form des Baukörpers lässt nicht erahnen, dass es sich hier um den Prototyp eines Holzbausystems handelt. Vorgefertigte Elemente für Wände, Decken und Dach folgen einem einheitlichen Rastermaß von 1,20 Metern. Das bauteil-

Wie ein Versatzstück aus einer anderen Welt wirkt das abstrakte Volumen inmitten einer vertrauten Umgebung.

Fast übersinnlich erscheint der extreme Kontrast zwischen dem gleißend hellen Inneren und dem stumpfen Schwarz der Außenhaut.

Ein starker Kontrast: klein, schwarz, kompakt von außen – wohnlich, großzügig, luftig von innen.

Aus der Westansicht lassen sich das Konzept der Lichtführung sowie die Konstruktion aus den ineinander versetzten Kuben gut ablesen.

Als Fixpunkt für das Auge steht das rote Sofa im Raum.

Strahlendes Weiß taucht die Küche in ein unwirkliches Licht.

Schwarze, großformatige, kunstharzverleimte Platten und raumhohe Glaselemente von außen sowie die weißen Oberflächen im Inneren lassen Holz als konstruktiven Werkstoff völlig in den Hintergrund treten.

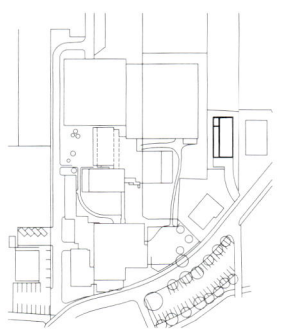

Lageplan

**Erdgeschoss**
M 1:200

1 Eingang
2 Essen
3 Kochen
4 Wohnen
5 Terrasse

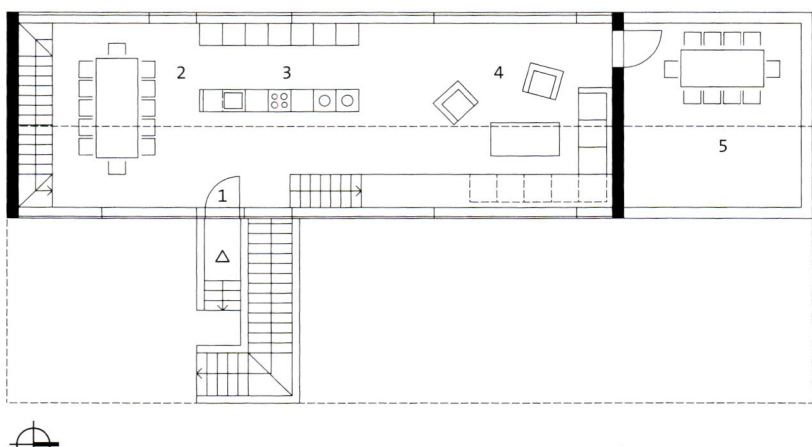

**Untergeschoss**
M 1:200

1 Hauswirtschaft
2 Studio
3 Kaltraum
4 WC

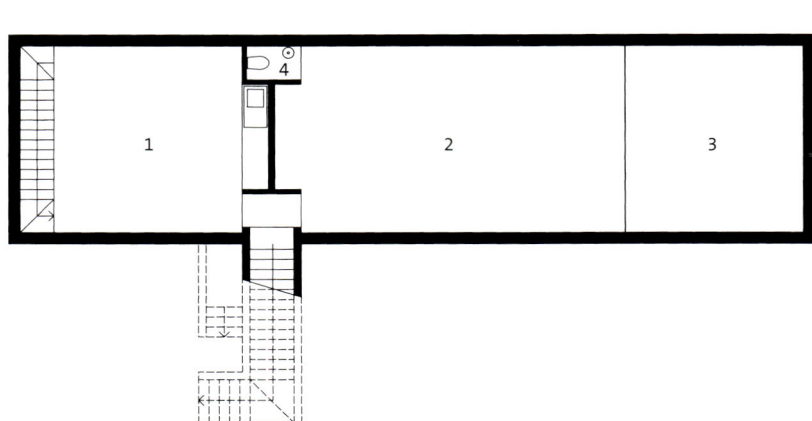

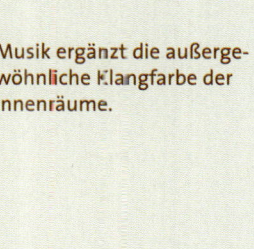

Musik ergänzt die außergewöhnliche Klangfarbe der Innenräume.

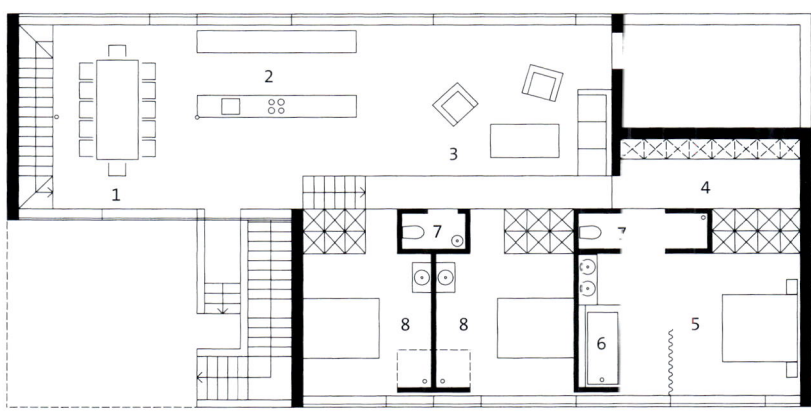

**Obergeschoss**
M 1:200

1 Essen
2 Kochen
3 Wohnen
4 Ankleide
5 Schlafen
6 Bad
7 WC
8 Gast

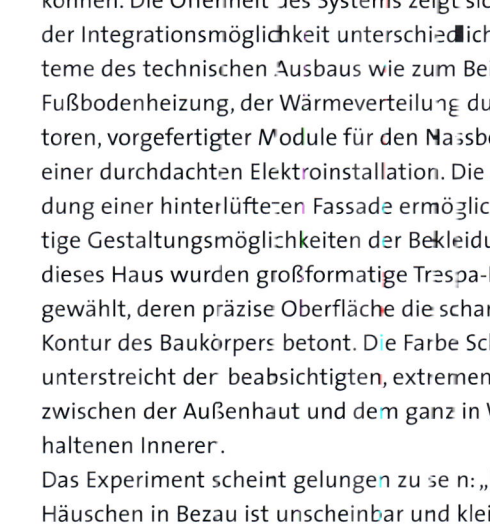

**Schnitt**
M 1:200

bezogene System ermöglicht die Anpassung an unterschiedliche Grundrisstypologien. Dazu trägt auch die hohe Leistungsfähigkeit der Holztafelelemente bei, die als Deckenelemente eine Dicke von 30 Zentimetern aufweisen und mit ihrer beidseitigen Beplankung Spannweiten bis zu 6 Metern erreichen können. Die Offenheit des Systems zeigt sich auch in der Integrationsmöglichkeit unterschiedlicher Systeme des technischen Ausbaus wie zum Beispiel einer Fußbodenheizung, der Wärmeverteilung durch Radiatoren, vorgefertigter Module für den Nassbereich und einer durchdachten Elektroinstallation. Die Ausbildung einer hinterlüfteten Fassade ermöglicht vielfältige Gestaltungsmöglichkeiten der Bekleidung. Für dieses Haus wurden großformatige Trespa-Platten gewählt, deren präzise Oberfläche die scharfkantige Kontur des Baukörpers betont. Die Farbe Schwarz unterstreicht der beabsichtigten, extremen Kontrast zwischen der Außenhaut und dem ganz in Weiß gehaltenen Inneren.

Das Experiment scheint gelungen zu sein: „Unser Häuschen in Bezau ist unscheinbar und klein von außen, aber großzügig und frei von innen. Jedem, der uns einmal besucht hat, geht es ähnlich: Anfängliche Skepsis weicht schon nach Kurzem dem Wohlbehagen."

# WOHNEN IN DER BELLE ETAGE

**Gebäudedaten**

Grundstücksgröße: 690 m²
Wohnfläche: 150 m²
Zusätzliche Nutzfläche:
30 m²
Anzahl der Bewohner: 4
Bauweise: Holztafelbau
Baujahr: 2006
Baukosten pro m² Wohn-
und Nutzfläche: keine
Angabe
Eigenleistung: 40%
Baukosten gesamt:
keine Angabe
Heizenergiebedarf:
35 kWh/m²a

Erst von erhöhter Warte aus entpuppt sich das Grundstück am Ortsrand von Ludesch als Aussichtspunkt. Über eine flach geneigte Wiese streift der Blick ungehindert auf die Hügel des Walgaugebirges und das Rätikon. So leuchtet es ein, dass die Architekten die Wohnräume für eine vierköpfige Familie in der Belle Etage über einem Sockelgeschoss angeordnet haben. Parallel zur Grundstücksgrenze wurde als Rückgrat des Hauses eine Stahlbetonwand angeordnet. Länger als das Haus selbst dehnt sich diese Scheibe über die gesamte Breite des Grundstücks aus und fängt als ordnendes Element alle Nebenräume im Erdgeschoss ein. Großformatige Durchbrüche in dieser Wand bilden einen Zugang zum rückwärtigen Gartenbereich. Auf diesem Strukturelement balanciert der leichte Wohnquader in Holzbauweise und kragt nach allen Seiten aus, wobei äußerst schlanke Stahlstützen zusätzliche, jedoch auf den ersten Blick kaum wahrnehmbare Auflager für den Holzbau bilden.

Deutlich ablesbar sind die unterschiedlichen Funktionen des aus Stahlbeton, Stahl und Glas errichteten Unterbaus mit Carport und Abstellraum im Nordwesten, dem Eingangsbereich mit Bad und Garderobe in der Mitte und einem Hauswirtschafts- und Büroraum im Südosten. Ganz mit fein gehobeltem Weißtannenholz bekleidet, löst sich das prominente Obergeschoss vom Sockelbereich. Ausgeprägte Schattenzonen unter dem auskragenden Stockwerk verstärken den Effekt des Schwebens.
Eine zweiläufige Podesttreppe verbindet beide Ebenen und stellt im Obergeschoss eine räumliche Zäsur zwischen den Schlafräumen mit Bad und dem offenen Wohnbereich her. An zentraler Stelle bildet ein holzbefeuerter Ofen eine optische Barriere zwischen Küche, Holz- und Vorratsraum und dem Wohn-/Essbereich. Nach Süden umklammert ein winkelförmig umlaufender, überdachter Balkon, der im Süden eine üppige Breite annimmt, den Wohnbereich und die Privat-

Mit klaren kubischen Formen hebt sich das Gebäude aus dem Naturraum ab.

Die überdachte Terrasse
im Wohngeschoss bietet
einen atemberaubenden
Blick auf die Schönheit
der Umgebung.

Mit Hilfe schlanker Stahlstützen wird der Baukörper
aufgeständert.

Eine breite Kiesfläche stellt
den Übergang zum Rasen-
grün her und schützt den
Sockelbereich vor Feuchte.

räume. Großformatige, raumhohe Isolierglasscheiben
bilden hier einen Raumabschluss, der den Blick unge-
hindert auf die Schönheiten der Landschaft lenkt.
Dabei sind die Öffnungen so angeordnet, dass das
Sonnenlicht zu jeder Tageszeit einfallen kann.
Erneut gelingt den Architekten eine überzeugende
Synthese aus Technik und Ökologie. Ein großer Teil
der Gebäudes wurde in Holzelementbauweise in der
Werkstatt hergestellt und innerhalb kürzester Zeit auf
der Baustelle montiert, ohne am Bauplatz Beeinträch-
tigungen durch unnötige Standzeiten, schlechtes
Wetter und andere qualitätsmindernde Faktoren hin-
nehmen zu müssen. Ökologisch vorbildlich ist der voll-
ständige Verzicht auf synthetische Holzschutzmittel

und Lacke, indem alle verwendeten Materialien weitgehend naturbelassen verbaut werden.
Das Haus demonstriert eindrucksvoll die Vereinbarkeit
hoher gestalterischer und bautechnischer Anforderungen mit dem Ziel, ökologisch, gesundheits- und
umweltverträglich mit recycelbaren Baustoffen zu
bauen. Das Ergebnis dieser Synthese zeigt sich in den
Betriebskosten: Holzzentralheizung, Solarkollektoren
auf dem Dach, Dreifach-Wärmeschutzverglasung mit
einem U-Wert von 0,6 W/m²K sorgen für einen Energiebedarf von nur 35 kWh/m² pro Jahr, was in etwa
einem äquivalenten Heizölbedarf von 3 Litern pro
Quadratmeter und Jahr entspricht. Damit erfüllt das
Haus den Niedrigenergiestandard.

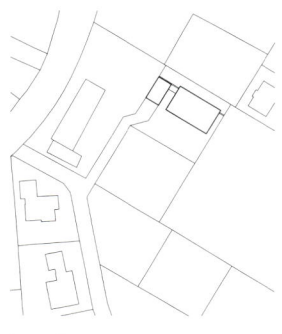

Lageplan

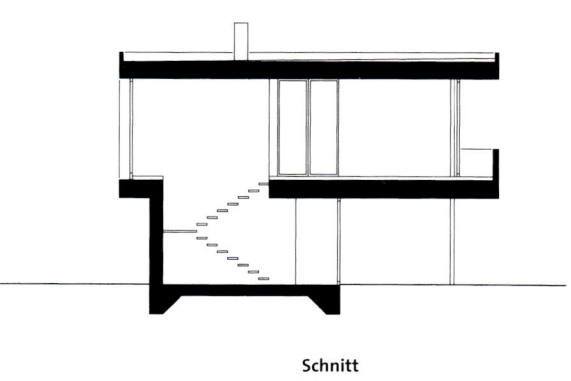

**Schnitt**
M 1:200

Fließende Raumübergänge
schaffen Blickachsen ins
Freie und tragen zur Großzügigkeit des Raumgefüges
bei.

Barrierefrei erweitert
sich der Essbereich zur
überdachten Terrasse.

Das Dach über der südorientierten Terrasse schaft nicht
nur einen witterungsge-
schützten Freisitz, sondern
ist auch ein idealer Sonnenschutz für die Glasflächen.

**Obergeschoss**
M 1:200

1 Bad
2 Schlafer
3 Holzlager / Vorrat
4 Kochen
5 Holzofen
6 Essen
7 Wohner
8 Kind
9 Terrasse

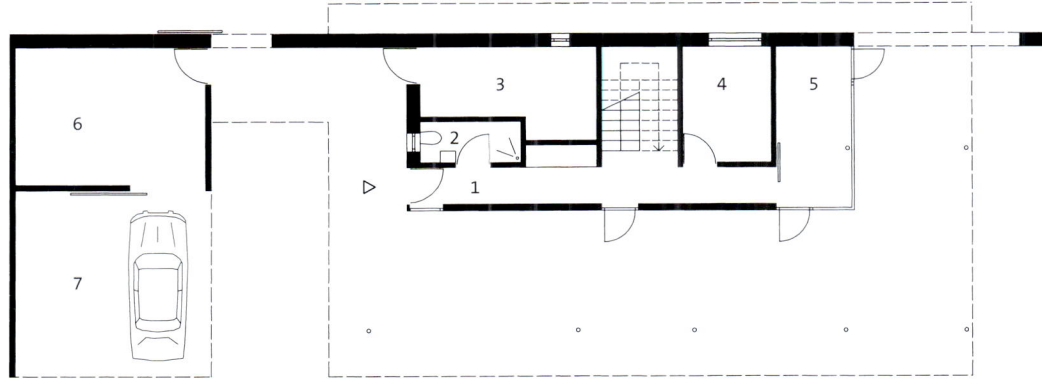

**Erdgeschoss**
M 1:200

1 Eingang / Garderobe
2 WC / Dusche
3 Vorraum
4 Hauswirtschaft
5 Arbeiten
6 Abstellraum
7 Carport

137

# SINNLICHE FUNKTIONALITÄT

**Gebäudedaten**

Grundstücksgröße: 565 m²
Wohnfläche: 169 m²
Zusätzliche Nutzfläche:
125 m²
Anzahl der Bewohner: 4
Bauweise: Holzelementbau
mit vorgefertigten Tafeln
und Modulen
Baujahr: 2005
Baukosten pro m² Wohn-
und Nutzfläche: 1.190 Euro
Baukosten gesamt:
350.000 Euro
Heizenergiebedarf:
59 kWh/m²a

Die Gemeinde Burgdorf, landschaftlich schön im schweizerischen Emmental gelegen, stellt auf dem Choserfeld Bauland zur Verfügung. Entsprechend den örtlichen Bauvorschriften dürfen dort nur zweigeschossige Wohnhäuser mit Flachdach errichtet werden. Innerhalb der neuen Siedlung werden die Bauten über eine Quartierstraße erschlossen und sind im Norden an eine Baulinie gerückt, um im Süden von einem großzügigen Außenraum zu profitieren. Unter diesen Vorgaben entstand das Wohnhaus für die vierköpfige Familie.

Der präzis geschnittene, kubische Baukörper ist mit Lärchenholz bekleidet und kommt ohne Dachvorsprünge sowie Verzierungen aus. Lediglich schlitzartige Orientierungs- und Belichtungsöffnungen charakterisieren die Eingangsseite im Nordosten. Als ablesbares Zeichen für die innere Organisation mit einer eindeutigen Orientierung der Wohnräume nach Süden bleiben auch die Schmalseiten des Hauses weitgehend geschlossen. Im Gegensatz dazu steht die

Südwestfassade mit großformatigen Fensteröffnungen und Glastüren. Eine vorgesetzte Konstruktion aus Stahlbeton erweitert den Wohnraum ins Freie, wobei im Erdgeschoss eine gedeckte Terrasse mit Sitzplatz und im Obergeschoss ein großer Balkon entsteht. Diese Struktur aus Stahlbeton bildet einen bewussten Gegensatz zu dem leicht und elegant wirkenden Baukörper des Hauses und setzt sich als Rankgerüst für Kletterpflanzen über die gesamte Gebäudelänge fort. Ein holzgedecktes Podest mit Vordach signalisiert den Eingang, der in das geräumige Entree einmündet. Im Inneren offenbart sich die an den Fassaden ablesbare, funktionale Gliederung des Hauses mit einer nordseitigen Funktionsspange und der Hauptnutzung mit den Wohnräumen nach Südwesten. Das Erdgeschoss wird von einem großen Raum bestimmt, der sich über die gesamte Länge des Hauses erstreckt und als Küche, Ess- und Wohnraum dient. Im Obergeschoss ist ein Spielflur den großzügigen Kinderzimmern vorgelagert. Jeweils eine pastellfarbene Wand verleiht den

Ein Vordach und ein holzbeplanktes Podest setzen den notwendigen Akzent am Eingang.

Doppelten Nutzen bringt
die vorgestellte Stahlbeton-
konstruktion: Sie überdeckt
den Freisitz im Erdgeschoss
und schafft einen groß-
zügigen Balkon im Ober-
geschoss.

Als hätte er an einer Pier
festgemacht, so wirkt der
leichte Holzbau im Ver-
hältnis zu dem massiven
Vorbau.

Nach Süden verglast ist die
räumliche Begrenzung des
Wohnraums zum Garten hin
aufgehoben.

Viel Raum für zukünftige
Entwicklungen bieten die
Kinderzimmer.

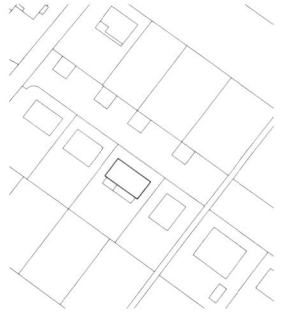

Lageplan

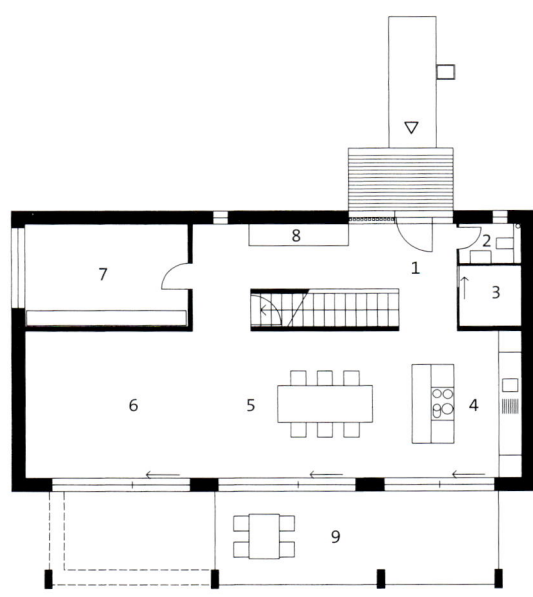

**Erdgeschoss**
M 1:200

1 Eingang
2 WC
3 Abstellraum
4 Kochen
5 Essen
6 Wohnen
7 Arbeiten / Gäste
8 Garderobe
9 Terrasse

**Untergeschoss**
M 1:200

1 Haustechnik
2 Waschen / Trocknen
3 Keller

Der offene Herd zieht die Blicke auf sich. Von hier aus überblickt man den gesamten Wohnraum.

Nassräume an beiden Enden des Spielflurs im Obergeschoss schließen die den Individualräumen vorgelagerte Funktionsspange ab.

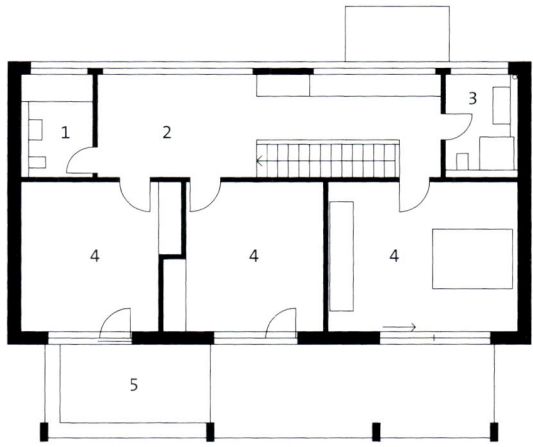

**Obergeschoss**
M 1:200

1   Bad
2   Spielen / Flur
3   Dusche / WC
4   Zimmer
5   Balkon

**Schnitt**
M 1:200

Räumen einen individuellen Charakter. Vorgefertigte Elemente für Decken und Wände ermöglichten die Errichtung des Rohbaus innerhalb weniger Tage. Beidseitig beplankte Holzständerwände – raumseitig mit Gipsfaser- und außenseitig mit Holzfaserplatten – nehmen die Wärmedämmung auf. Eine schwarze Fassadenfolie, die hinter der Schalung aus rhombusförmigen Lärchenholzlatten angebracht ist, dient dem Wetterschutz und stellt die absolute Winddichtigkeit der Außenwandkonstruktion sicher. Im Inneren erhielten die Wände lediglich einen Gipsglattstrich. Die Geschossdecken mit einer beidseitigen Beplankung aus Holzwerkstoffplatten haben eine oberflächenfertige Untersicht. Auf der Oberseite wurde ein schwimmender Fließestrich zur Aufnahme der Bodenheizungsrohre eingebracht.

„Das Entwerfen mit Holz verlangt klare Strukturen und fordert eine vertiefte Auseinandersetzung mit dem Material", berichtet der Architekt und bringt es auf den Punkt: „Der Holzbau zwingt zur exakten Planung und einer detaillierten Ausführung. Dann bietet er sicher Vorteile gegenüber anderen Materialien."

# MIT DEM HANG VERZAHNT

**Gebäudedaten**

Grundstücksgröße: 489 m²
Wohnfläche: 197 m²
Anzahl der Bewohner: 3
Bauweise: Mischbau
(Holztafelbau auf massivem
Untergeschoss)
Baujahr: 2005
Baukosten pro m² Wohn-
und Nutzfläche: 2.530 Euro
Baukosten gesamt:
540.000 Euro
Heizenergiebedarf:
60 kWh/m²a

„Vor dem ersten Strich der Architekten haben wir uns grundsätzlich Gedanken gemacht, was unser zukünftiges Heim sein soll. Welche räumlichen Ereignisse sollen uns im täglichen Leben unterstützen und bereichern?" Diese Fragen und Überlegungen standen am Anfang eines Planungsprozesses, der nach Aussage der Bauherren alle Parteien an ihre Grenzen und zum Glück auch noch weiter gebracht hat. Vom Architekten aufgefordert ihre Vorstellungen zu formulieren, entstanden Leitlinien in Wort, Bild und Skizzen. Eigenständig, aber nicht extravagant, und markant, aber nicht aufdringlich, so sollte das neue Haus sein. Mit einer reduzierten Formen- und Materialsprache sollte die Überzeugung der Bauherren zum Ausdruck kommen, dass im Verzicht die Freiheit liegt.
Auf halber Höhe über der Stadt Winterthur, an der Hangkante des Wolfensberges, dort wo die Siedlungsstruktur von einer landwirtschaftlich genutzten Zone abgelöst wird, liegt das Grundstück in zweiter Reihe. Die Unwegsamkeit der Lage am steilen Hang mit nur fußläufiger Erschließung über einen schmalen Weg wird mehr als kompensiert durch die einzigartige Aus-

sicht auf die Stadt Winterthur und bis in die Zentral- und Ostalpen. Angelehnt an den Zuschnitt der Parzelle erhebt sich das Haus über einer trapezförmigen Grundfläche aus dem Hang. Ausstülpungen und Einschnitte prägen das Gebäude, wobei die Terrasse im obersten Geschoss und der Hauseingang als strukturelle Öffnungen in den Baukörper eingelassen sind. Prägnante Aluminium-Einfassungen definieren die unterschiedlich formatierten Fensteröffnungen. Über den massiven Betonsockel im Keller- und Eingangsgeschoss, der den Hangdruck aufnimmt, stülpt sich die Holzkonstruktion der Wohngeschosse. Schmale, vorbewitterte Holzlatten unterstreichen die aufstrebende Bewegung des Hauses.
Ein schlicht gehaltener Raum mit Sichtbetonwänden und Hartbetonboden dient als unterer Empfangsraum. Hier beginnt die holzgefasste Kaskadentreppe, die das Herzstück des Hauses bildet und in zwei Läufen der Hanglage folgt. Dieser zentrale Treppenraum erschließt nicht nur die oberen Wohngeschosse, sondern bezieht durch präzise gesetzte Fensteröffnungen auf allen Ebenen die Umgebung mit ein.

„In der Außenhülle unterstreichen die aufstrebenden Holzlatten die turmartige Form des Hauses und geben ihm durch ihre Vorbewitterung seinen ganz spezifischen Ausdruck." (Architekt)

„Aus der Hanglage entstand der Wunsch, jedes Geschoss als Erdgeschoss auszubilden. Dadurch entwickelten sich verschieden ausformulierte Verbindungen zum Außenraum." (Bauherren)

Spannungsvoll wechseln sich Ausstülbungen und Einschnitte in der Fassaden ab.

143

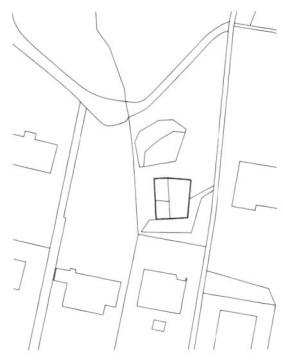

Lageplan

Oben: Als Raumteiler zwischen Essen und Wohnen hängt, einer Skulptur gleich, eine drehbare Cheminee-kugel von der Decke.

Oben rechts: In den Zimmern sind die Holz-decken und -wände hell lasiert. Dies schafft eine feine Differenzierung zum Treppenkörper aus roh belassenem Holz.

Die Schrankbox im Eingangsbereich ist variabel und ermöglicht unterschiedliche Raumaufteilungen.

In den Schlafräumen im ersten Obergeschoss stellen Kastenfenster einen individuellen Bezug zum Außenraum her: Nach Westen ruht der Blick im nahen, introvertierten Garten, nach Süden und Osten schweift er in die Weite. Im obersten – dem Ess- und Wohngeschoss – wird die komplexe Gebäudeform direkt erfahrbar: Zwei leicht geneigte Flächen bilden ein Pultdach. In der Wohnecke wirkt der Raum niedrig und zeltähnlich introvertiert, im Ess- und Küchenbereich ist er hoch, hell und mit starkem Bezug nach außen. „Oben zu wohnen und unten zu empfangen war ein logischer Schluss aus der Topografie und der Erschließung des Grundstücks", erklären die Bauherren zur funktionalen Gliederung des Hauses. Ihr Wunsch war es, jedes Geschoss als „Erdgeschoss" auszubilden.

Zwei Außenräume prägen das Wohngeschoss: die aus dem Gebäudevolumen ausgeschnittene, vollständig verglaste Terrasse nach Südwesten und der große Sitzplatz im Freien auf der Nordseite des Hauses mit Zugang in der direkten Weiterführung der Kaskadentreppe. Der Sitzplatz ist eine aus dem Terrain geformte Geländeterrasse, die durch den freigelegten Hangfels gefasst ist und Geborgenheit vermittelt.
Für eine Holzkonstruktion in Elementbauweise waren nach Auskunft des Architekten zwei Gründe entscheidend: der Bezug zu den einfachen Holznutzbauten in der näheren Umgebung einerseits und die logistische Herausforderung des Projekts in zweiter Baureihe am Steilhang. „Eine Holzkonstruktion in Elementen lässt sich in der Werkstatt präzise vorfabrizieren und anschließend auf dem Bauplatz schnell realisieren."

**1. Obergeschoss**
M 1:200

1 Bad
2 Zimmer

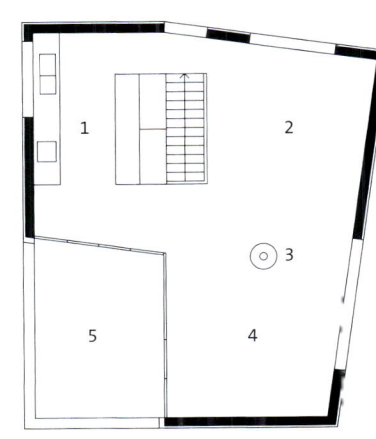

**2. Obergeschoss**
M 1:200

1 Kochen
2 Essen
3 Chemineekugel
4 Wohnen
5 Terrasse

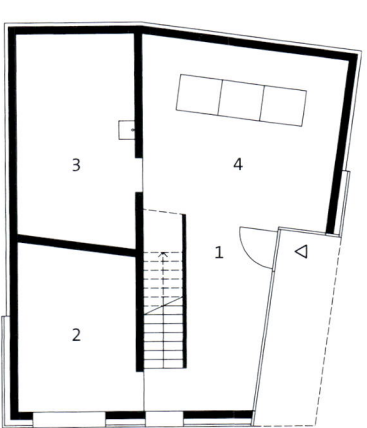

**Erdgeschoss**
M 1:200

1 Eingang
2 Arbeiten
3 Technik
4 Verschiebbare Schränke

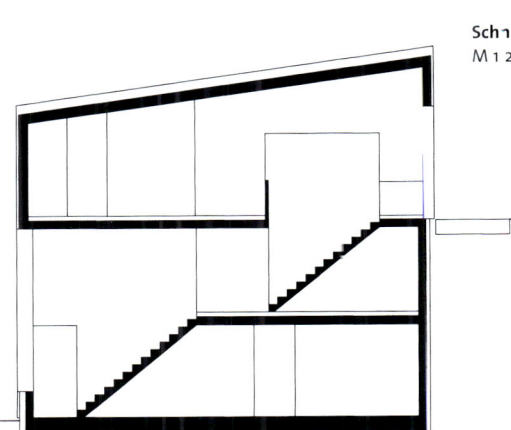

**Schnitt**
M 1:200

# ZEUGE DER GEGENWART

## Gebäudedaten

Grundstücksgröße: 384 m²

Wohnfläche: 210 m²

Zusätzliche Nutzfläche:
96 m²

Anzahl der Bewohner: 4

Bauweise: Holzelementbau

Baujahr: 2004

Baukosten pro m² Wohn-
und Nutzfläche: 1.563 Euro

Baukosten gesamt:
478.000 Euro

Heizenergiebedarf:
55 kWh/m²a

Mit schmalem Giebel und einer uniformen Hülle aus Zinkblech sticht das Haus aus einer Häuserzeile der zwanziger Jahre des letzten Jahrhunderts am Rand der Stadt Basel hervor. Ein Vorgängerbau konnte die heutigen Anforderungen an das Wohnen nicht mehr erfüllen. Weil eine Sanierung zu aufwändig gewesen wäre, entschloss sich die Bauherrin zum Neubau.

Viel Licht und Luft in nutzungsneutralen und offenen Räumen, die verschiedenartige Wohn- und Arbeitsformen ermöglichen und kostengünstig errichtet werden sollten, das wünschte sich die Bauherrin. Die Gemeinde bestand auf der Einhaltung der rigiden Bau- und Zonenvorschriften.

Da die angestrebte innenräumliche Großzügigkeit bei einer beschränkten Grundfläche von nur 76 Quadratmetern nicht einfach zu realisieren ist, entwickelt sich das Haus in der Vertikalen. Eine durchgehende, offene Treppenanlage ermöglicht den Einbezug des Untergeschosses und gewährleistet durch die räumliche Öffnung im Dachbereich Blickbeziehungen über alle Geschosse. Als äußeres Zeichen der Vertikalität verleiht der schmale Giebel dem Baukörper Eleganz und hebt das Haus von den behäbigen Proportionen der umliegenden Bauten ab. Durch konsequenten Verzicht auf Vor- und Rücksprünge bei Dachanschlüssen und

Fenstern wird die archaische Grundform des Hauses mit einer einheitlichen Hülle für Fassade und Dach architektonisch überhöht. Das Dach des Carports und die Umfassungsmauer aus Sichtbeton binden das Haus in die Umgebung ein.

Das Erdgeschoss mit direkten Bezügen zum Garten und einem Sitzplatz im Süden ist den kommunikativen Funktionen Wohnen, Essen und Kochen vorbehalten. Die geradläufige Treppe bildet mit der sie begleitenden Installationswand eine Funktionseinheit, die alle Geschosse bedient. Als Erweiterung des erdgeschossigen, extrovertierten Wohnraums dient das introvertierte Untergeschoss, dessen nördliche Umfassungswand nach außen verschoben wurde, um Tageslicht in den Sockelbereich zu leiten. Zwei abgetrennte, gleichgeschnittene Räume mit dazwischen liegendem Bad sind im ersten Obergeschoss angeordnet und über eine Galerie mit dem Dachgeschoss verbunden. Ein mittig angeordneter Sanitärkubus teilt den Dachraum in zwei Bereiche.

Vorgefertigte Holzelemente über dem Kellergeschoss aus Ortbeton bilden eine leichte, vergleichsweise dünne Außenwandkonstruktion und ermöglichen größtmögliche innere Raumdimensionen. Schlanke Vollholzdecken helfen im Dachgeschoss eine ange-

Eine Wetterschale aus
Zinkblech überzieht Fassade
und Dach.

Unterschiedlich im Ausdruck, aber vertraut in der Form fügt sich der Neubau in die Zeile giebelständiger Häuser.

Der Verzicht auf jegliche Vor- und Rücksprünge unterstreicht die Würde der einfachen Form des Baukörpers.

messene Kniestockhöhe zu gewinnen. Als dünne
Wetterschale aus Zinkblech umhüllt die hinterlüftete
Außenhaut mit flächiger Rautendeckung das gesamte
Haus und verändert je nach Lichteinfall und Reflektion
ihre Farbe von silbrig bis zu einem dunklen Graugrün.
Glatte weiße Wandoberflächen und lasierte Decken-
untersichten prägen die lichtdurchfluteten Räume.
Während in den Obergeschossen Ahornböden die
Holzbauweise auch an der Oberfläche widerspiegeln,
stellen im Erd- und Untergeschoss Naturschiefer-
platten eine Verbindung zum gewachsenen Boden
her. Über den gezielten Einsatz von Farbe wird das
strukturelle Konzept des Hauses hervorgehoben.
Alles in allem zeigt sich der Neubau als selbstbewuss-
ter Zeuge der Gegenwart und setzt sich in seiner
Sprache von gewohnten Sehweisen ab, während er
sich andererseits durch das Beibehalten der ortstypischen Bauform in den vertrauten Kontext einfügt
und so das vorhandene Bebauungsmuster weiter-
führt.

Oben: Farbe hebt die strukturelle Ordnung des Hauses
hervor, indem Treppe und
Installationswand in Funktionseinheit die Geschosse
miteinander verbinden.

Tageslicht begleitet den
Treppenlauf vom Dachge-
schoss bis ins Souterrain.

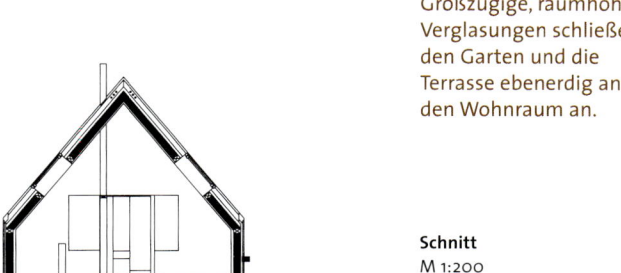

Großzügige, raumhohe
Verglasungen schließen
den Garten und die
Terrasse ebenerdig an
den Wohnraum an.

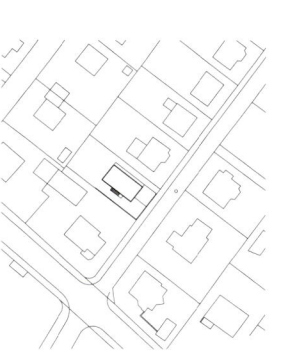

Lageplan

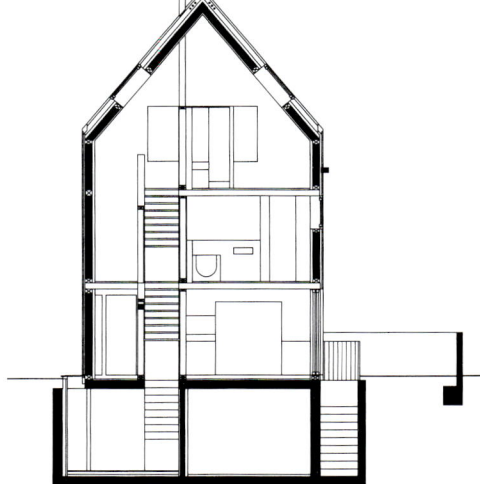

**Schnitt**
M 1:200

Die Nasszelle wird zu einem eleganten Einbaumöbel.

Zenitlicht hellt das Untergeschoss auf, sodass ein attraktiver, introvertierter

Raum entsteht, der das extrovertierte Wohnen im Erdgeschoss ergänzt.

**Obergeschoss**
M 1:200

1 Schlafen
2 Vorraum
3 Bad

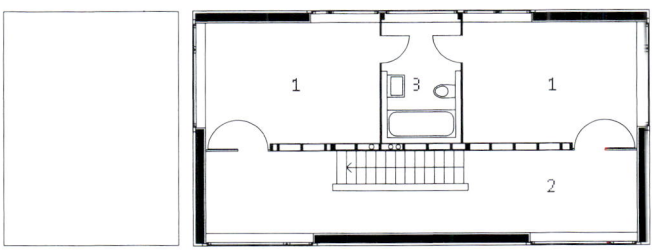

**Dachgeschoss**
M 1:200

1 Galerie
2 Schlafen
3 WC / Dusche

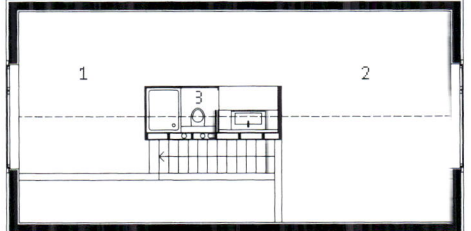

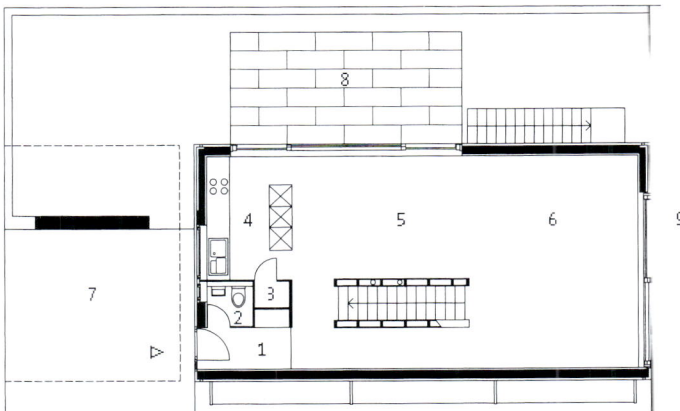

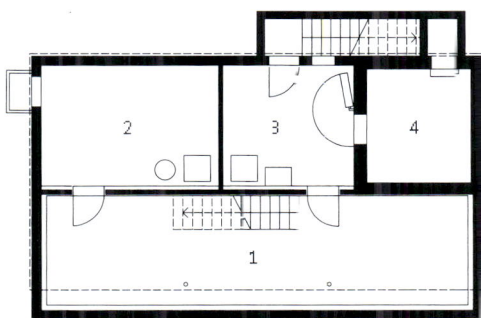

**Erdgeschoss**
M 1:200

1 Eingang / Windfang
2 WC
3 Abstellkammer
4 Kochen
5 Essen
6 Wohnen
7 Carport
8 Sitzplatz
9 Garten

**Untergeschoss**
M 1:200

1 Arbeiten / Fitness
2 Technik / Keller
3 Hauswirtschaft
4 Schutzraum / Keller

# LEISE REFERENZ AN DIE MODERNE

## Gebäudedaten

Grundstücksgröße: 663 m²
Wohnfläche: 173 m²
Zusätzliche Nutzfläche:
131 m²
Anzahl der Bewohner: 6
Bauweise: Holzelementbau
Baujahr: 2002
Baukosten pro m² Wohn-
und Nutzfläche: 1.053 Euro
Baukosten gesamt:
320.000 Euro
Heizenergiebedarf:
46 kWh/m²a

Am westlichen Ortsrand von Burgdorf mit Blick auf die sanfte Topografie des durch seinen Käse weltberühmten Emmentals liegt dieses Familienhaus in einem Neubaugebiet. Der zweigeschossige Baukörper mit Flachdach folgt den Vorgaben des Bebauungsplans und knüpft mit seinem kubischen Baukörper an frühe Beispiele des modernen Bauens an. Gegenüber der Erschließungsstraße zeigt sich das Gebäude als weitgehend geschlossener Kubus mit bewusst inszenierten Orientierungs- und Erschließungsöffnungen. Zur besonnten Seite dagegen öffnet sich das Haus mit raumhohen Verglasungen und einem präzise angeordneten Bandfenster zum Garten und zur Landschaft. Vielschichtige Beziehungen zwischen Innen- und Außenraum entstehen durch den Einschnitt im Erdgeschoss, der einen spannungsreichen räumlichen Akzent setzt. Die funktionale Gliederung und Orientierung des Hauses entspricht dem trapezförmigen Zuschnitt des Grundstücks. Im Norden bilden Eingangsbereich, Sanitär- und Nebenräume eine den nach Südwesten orientierten Wohnräumen vorgelagerte Raumzone. Im Erdgeschoss lösen sich diese Zonen in einem zusammenhängenden Ess- und Kochbereich auf, der zum zentralen Ort des täglichen

Lebens wird. Als vorgefertigte Raumzelle beinhaltet der Kern Treppen, Schränke und Sanitärinstallationen. Die einfache und klare Form des Hauses spiegelt sich auch in seiner strukturellen Ordnung wider. Sämtliche Lasten werden über die Außenwände und eine längs gerichtete Innenwand abgetragen. So sind die Wände zwischen den Räumen nicht tragend und können später gegebenenfalls ohne großen Aufwand an neue Bedürfnisse angepasst werden. Die Fertigteilbauweise mit Holztafelelementen für Wände und Decken ermöglicht eine witterungsunabhängige Vorfertigung und eine schnelle Montage am Bauplatz. Dabei geht die Vorfertigung so weit, dass zum Beispiel bei den Deckenelementen über dem Erdgeschoss die raumseitigen Oberflächen – geölte Dielen aus Eschenholz als Fußboden und Holzwerkstoffplatten als Deckenuntersicht – fertig montiert angeliefert wurden. Die Außenwände wurden von innen mit Gipsfaserplatten und von außen mit Grobspanplatten beplankt. Eine horizontale Tannenholzschalung mit einem weißen Anstrich bildet schließlich die äußere Wetterschale. Je nach Lichtverhältnissen verleihen ihre schmalen Bretter dieser Struktur eine spannungsvolle und vielfältige Erscheinung.

Der Terrasseneinschnitt im Süden bereichert den Bezug zum Garten und akzentuiert den Baukörper wirkungsvoll.

Wohlproportioniert und großzügig geöffnet erscheint die Südfassade in der Dämmerung.

Hölzerne Decken und Böden, weiße Wände und raumhoch verglaste Fassaden schaffen eine helle und freundliche Wohnatmosphäre mit südlichem Flair.

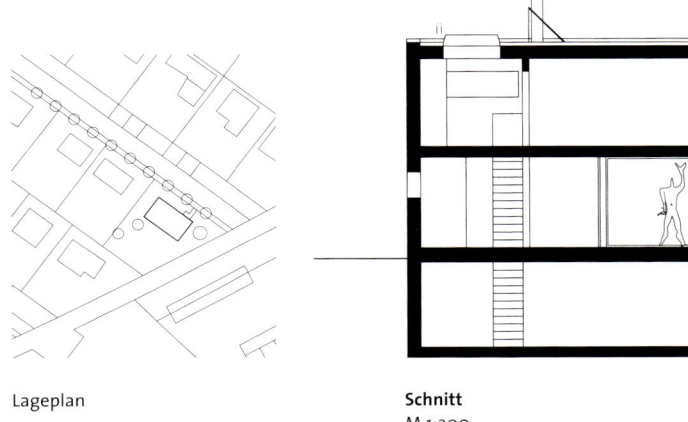

Lageplan

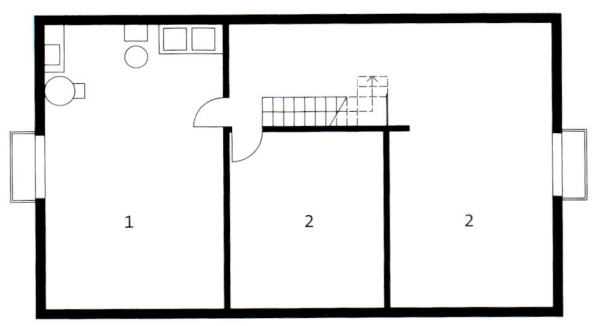

**Schnitt**
M 1:200

**Untergeschoss**
M 1:200

1  Waschküche / Haustechnik
2  Keller

Eine Errungenschaft der Moderne ist das „fenêtre prolongée" Le Corbusiers, das hier als langes Fensterband zitiert wird.

Kochen und Küchenarbeit werden durch die offenen Bereiche ins Zentrum des Familienlebens gerückt.

Schleiflackoberflächen an den Schreinerarbeiten des Innenausbaus unterstreichen die Präzision der oberflächenfertig eingebauten Holztafelelemente.

**Erdgeschoss**
M 1:200

1 Eingang
2 WC
3 Zimmer
4 Wohnen
5 Essen
6 Kochen
7 Terrasse

**Obergeschoss**
M 1:200

1 Bad
2 Flur
3 Zimmer

„Das Farbkonzept unterstützt die leise Referenz des Entwurfs an die Tradition der Moderne", erläutert der Architekt. Mit leicht graublauem Akzent bildet die helle Farbe der Außenhaut einen deutlichen Kontrast zu den anthrazitfarbenen Öffnungen. Im Inneren sind Farben und Materialien bewusst zurückhaltend ausgewählt worden. Der Naturton des Holzes verleiht den Räumen eine warme Lichtstimmung und deutet einen Bezug zur örtlichen Bautradition an. Als ruhiger Hintergrund wirken die weißen Wände, auf denen sich die Lichtverhältnisse und Schatten abbilden können. Sämtliche Schreinerarbeiten an Türen, Schränken und der Kücheneinrichtung sind in einem hellen leichten Grauton gestrichen. „Mit der kompakten Gebäudehülle, den großen südseitigen Verglasungen und einem guten Wärmedämmstandard der Außenhaut ist schließlich ein energieeffizientes Gebäude entstanden", stellt der Architekt und Bauherr zufrieden fest.

# INSZENIERUNG AM HANG

### Gebäudedaten

Grundstücksgröße: 700 m²

Wohnfläche: 181 m²

Zusätzliche Nutzfläche:
83 m²

Anzahl der Bewohner: 2

Bauweise: Holztafelbau

Baujahr: 2004

Baukosten pro m² Wohn-
und Nutzfläche: 2.050 Euro

Baukosten gesamt:
540.000 Euro

Heizenergiebedarf:
51 kWh/m²a

Eine Talflanke am Ortsrand von Gelterkinden in einer für die Schweiz typischen Aussichtslage ist der Ausgangspunkt für eine kraftvolle Inszenierung des Wohnens am Hang. Einige wenige Linien genügen, um das Haus im steilen Gelände so zu verankern, dass es seinen Platz mit großer Selbstverständlichkeit dominiert. Eine in das Terrain eingeschnittene, breite Rampe erschließt das Haus frontal im Untergeschoss. Senkrecht zu diesem Einschnitt folgt der zweigeschossig aus dem Gelände ragende Holzbau den Höhenlinien. Nach Süden kragt das längs geneigte Pultdach weit aus und bietet damit einen Wetter- und Sonnenschutz für die Wohnterrasse im Obergeschoss. Der einfachen Form entspricht die klare funktionale Gliederung. Im Untergeschoss befinden sich die technischen Räume, Keller, Waschküche, Garage und Eingang. Das Erdgeschoss nimmt die Schlafräume und ein Arbeitszimmer auf, während das oberste Stockwerk ganz dem Wohnen dient und durch seine erhöhte Lage einen Ausblick über die benachbarten Dächer gewährt. Im

Inneren setzt sich die Inszenierung der Hanglage fort. Die Dramaturgie kann dabei in einem Heraufwinden und in einer Bewegung dem Licht entgegen gesehen werden. Im Anschluss an die Zugangsrampe führt eine schmale Treppe direkt in den großzügigen, von oben belichteten Erschließungsbereich. Von dort aus führt die Treppe in das oberste, lichtdurchflutete Wohngeschoss. Das Pultdach öffnet sich nach Süden und lässt den Blick über den Balkon in das nahe gelegene Dorf schweifen. Die Auseinandersetzung mit dem steilen Gelände und der inszenierte Weg durch das Gebäude von der Rampe bis unter das schräge Dach werden zu einem räumlichen Erlebnis.
Auf dem Sockelgeschoss aus Stahlbeton wurde eine Holzständerkonstruktion montiert. Decke und Dach bestehen aus Hohlkastenelementen, die im Bereich des Daches 7 Meter stützenfrei überspannen. Diese Elemente sind aufgrund ihrer Sandwichbauweise – mit einer beidseitigen Beplankung der Deckenbalken durch Dreischichtplatten – sehr leistungsfähig. Beim

Mit expressiven Linien und
kräftigen Überständen fügt
sich der Baukörper in die
Hangsituation ein.

Über einem Sockelgeschoss
aus Stahlbeton erhebt sich
der Holztafelbau.

Wandaufbau wurde zwischen den beidseitig be-plankten Holzständern Mineralfaserdämmstoff ein-gebracht. Die äußere Holzwerkstoffplatte stellt die Winddichtigkeit her, während die raumseitige als Dampfbremse wirkt. Eine Nut-und-Kamm-Schalung aus einheimischer Lärche bildet die bewitterte Außen-haut. Der Innenraumeindruck wird von den weiß lasierten Dreischichtplatten und der weißen Innen-schale aus Gipskarton bestimmt. Als Fußboden wurde ein Anhydrid-Estrich eingebracht, der lediglich geölt wurde.

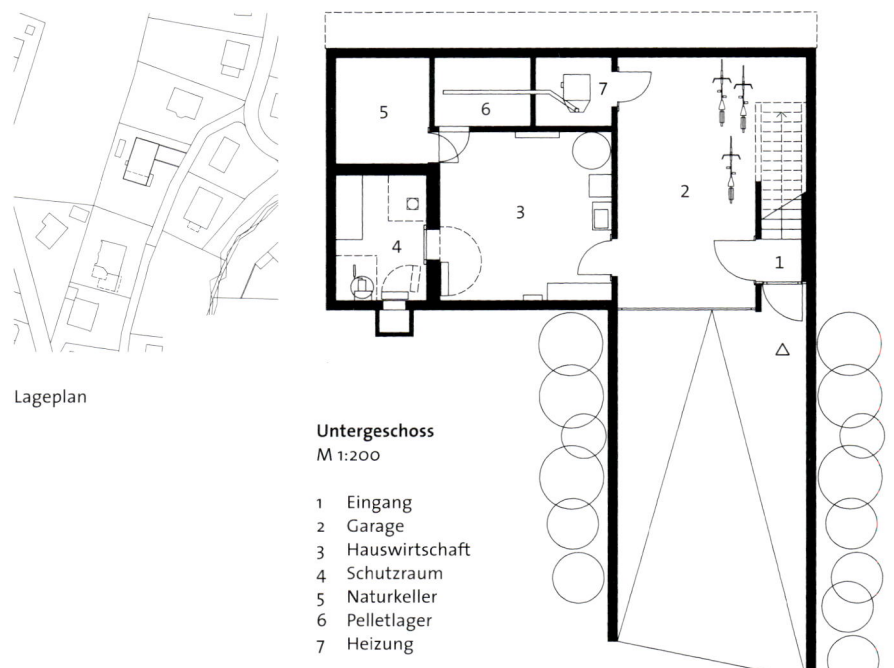

Lageplan

**Untergeschoss**
M 1:200

1 Eingang
2 Garage
3 Hauswirtschaft
4 Schutzraum
5 Naturkeller
6 Pelletlager
7 Heizung

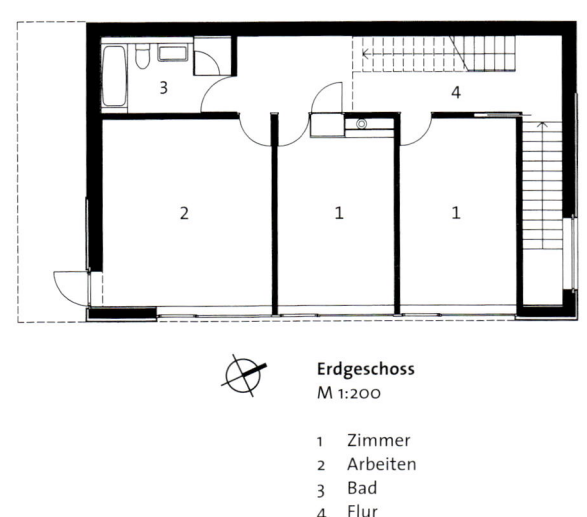

**Erdgeschoss**
M 1:200

1 Zimmer
2 Arbeiten
3 Bad
4 Flur

Links außen: Die Terrasse erscheint als natürliche Fortsetzung des Wohnraums ins Freie.

Links: Bei geöffneter Fassade hat man eine barrierefreie Aussicht auf den gegenüberliegenden Hang.

Als inszenierter Weg erschließen die Treppenläufe vom Sockel aus die darüberliegenden Wohngeschosse.

Stufen aus Hainbuchenholz sind auf zwei Holme aufgesattelt und bilden einen filigranen Treppenlauf.

Das Haus erfüllt den in der Schweiz geltenden Minergie-Standard und verfügt über eine Pelletheizung. Ihre Absicht, möglichst ökologisch zu bauen, haben die Bauherren in der Verwendung von unbehandeltem Fassadenholz aus der näheren Umgebung auch bei der äußeren Gestaltung in die Tat umgesetzt.

Resümierend stellen sie fest: „Die Kombination von geölten Anhydridböden, unbemalten Gipswänden, leicht lasierten Holzdecken und einer Hainbuchentreppe bewirkt, dass wir uns wohlfühlen und unser Ziel eines ästhetischen und ökologischen Hauses erreicht haben."

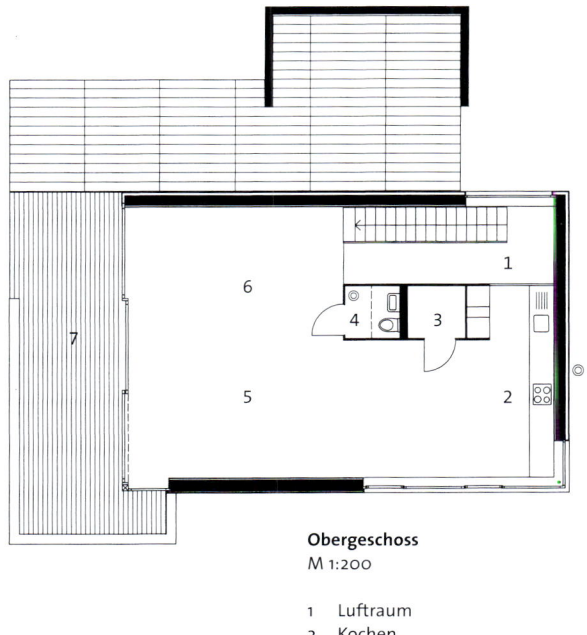

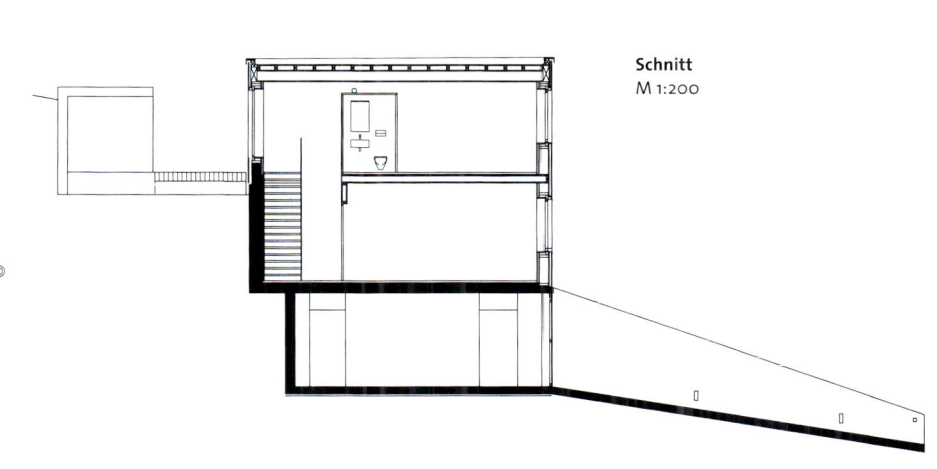

**Schnitt**
M 1:200

**Obergeschoss**
M 1:200

1 Luftraum
2 Kochen
3 Abstellraum
4 WC
5 Essen
6 Wohnen
7 Terrasse

# INTERAKTION VON RAUM UND KLANG

**Gebäudedaten**

Grundstücksgröße: 1.230 m²
Wohnfläche: 126 m²
Zusätzliche Nutzfläche:
28 m² (Garage)
Anzahl der Bewohner: 2–5
Bauweise: Holztafelbau
Baujahr: 2002
Baukosten pro m² Wohn-
und Nutzfläche: 2.185 Euro
Baukosten gesamt:
485.000 Euro
Heizenergiebedarf:
55 kWh/m²a

Mitten in einer atemberaubenden Hochgebirgsland-
schaft, auf der „Sonnenterrasse" des Bündner Dorfes
Feldis, 1.500 Meter über dem Meeresspiegel, steht dieser außergewöhnliche Holzbau, der als alpines Refu-
gium für eine Musikerfamilie konzipiert wurde. Folgt
man den Gedankengängen der Architekten, die das
Haus sehr sorgfältig und subtil in den Landschaftsraum hineinkomponiert haben, kommt einem unwei-
gerlich Schopenhauers geflügeltes Wort von der
Architektur als gefrorener Musik in den Sinn. Dabei ist
der äußere Eindruck des Hauses keinesfalls statisch.
Das monolithische Volumen zeigt sich je nach
Blickwinkel einmal schmal und leicht, dann wieder
breit und schwer. Es interagiert auf diese Weise mit
dem sich bewegenden Betrachter. Durch leichtes
Verdrehen und Verziehen wird der Baukörper in der
Falllinie des Hangs verankert und bezieht das spekta-
kuläre Alpenpanorama in den Innenraum mit ein.

Mit mehreren, unterschiedlich langen Läufen durchquert die Treppe kaskadenartig den Innenraum, folgt
dabei dem Geländeverlauf und mündet nach einer
Windung um 180 Grad im großzügigen Wohnraum.
Als offener Wohn-, Ess- und Arbeitsbereich nimmt dieser stützenfreie Großraum zusammen mit der Terrasse die gesamte Fläche unter dem Dach ein. Hier
wird die Verwandtschaft von Raum und Klang erkenn-
bar, wenn sich in der dreidimensionalen Wohnlandschaft Erschließungs- und Wohnräume verschränken
und die Raumzonen einmal fließend, einmal in sich
ruhend erscheinen.
In der rohen Oberfläche der Blockholzplatten mani-
festiert sich die gesuchte Stimmung eines einfachen
Ferienhauses. Die Konstruktion gibt als sichtbare
Oberfläche den Innenräumen ihren archaischen und
direkten Charakter. Das raue Bergwetter erforderte
eine möglichst kurze Bauzeit und auch aufgrund der

Ein langsamer, aber stetiger
Prozess der Bewitterung
wird die Farbigkeit der Lär-
chenschalung in ein dunkles
Silbergrau verwandeln.

Scharfkantig und skulptural im Ausdruck steht das Haus in Beziehung zu den felsigen Gebirgszügen der Region.

Mit einem großformatigen Einschnitt öffnet sich der Baukörper zum Gebirgspanorama.

Küche, Stauräume und Ein-
bauschränke sind integraler
Bestandteil der Architektur,
sodass für die Möblierung
und Raumaufteilung eine
maximale Flexibilität er-
möglicht wird.

Ein holzbefeuerter Ofen
sorgt für situationsgerechte
Behaglichkeit.

schlechten Erschließung des Gebirgsdorfs entschied
man sich früh für einen Holzelementbau. Als sicheres
Fundament für die leichte Holzkonstruktion dient
eine Betonwanne, deren Umfassungswände genau
der Kontur des Geländes folgen. Auf diesem Unterbau
ruht ein aus Elementen gefügter Überbau, dessen
stark gedämmte Außenhülle aus Blockholzrippenwän-
den und -decken aufgebaut ist. Die Geschossdecken
werden von 120 Millimeter dicken Mehrschichtplatten
gebildet. Um die wesentlichen Vorteile der Elementbauweise nutzen zu können, wurden die größten

Elemente mit dem Hubschrauber zum Bauplatz ein-
geflogen. Mit maximalen Plattenformaten kann die
höchste Effizienz beim Baufortschritt erzielt werden.
Aufgrund eingeschränkter akustischer Anforderungen
konnte die Dicke der Innenwände auf 70 Millimeter
begrenzt werden. Das Gebäude profitiert ganzjährig
vom hohen Wärmegewinn durch die Sonneneinstrahlung auf der „Sonnenterrasse" Feldis. Im Winter
liefert ein zentral gelegener Cheminee-Ofen einen Teil
des geringen zusätzlichen Wärmebedarfs und verleiht
dem alpinen Wohnen die adäquate Atmosphäre und

**Sockelgeschosss**
M 1:200

1 Eingang
2 Keller
3 WC
4 Carport

**Erdgeschoss**
M 1:200

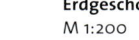

1 Gast
2 Bad
3 Schlafen

Lageplan

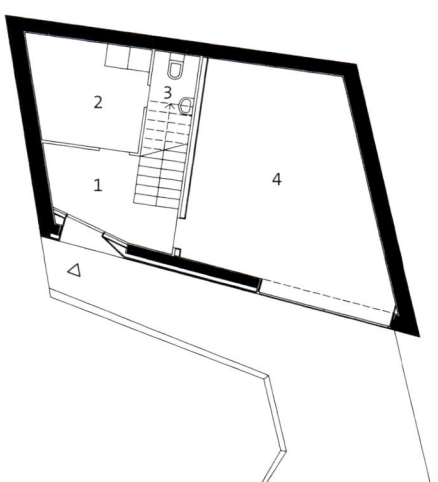

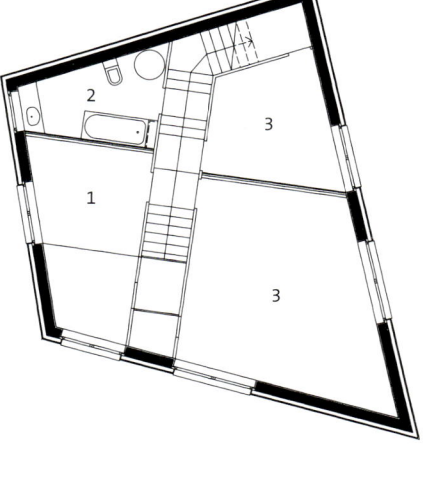

Behaglichkeit. Elektroöfen in den Schlafzimmern erlauben ein rasches Aufheizen und entsprechen der temporären Nutzung dieser Räume. Mit schweren Holzjalousien in Vertikalschalung – wie die der Außenhaut des Gebäudes – können die Fensteröffnungen bei schlechtem Wetter und Abwesenheit der Bewohner geschlossen werden. Der Architekt meint dazu: „Für uns war es wichtig, einen Körper zu gestalten, der in unbewohntem Zustand nicht tot und verlassen scheint, sondern seine Wirkung auch mit geschlossenen Fensterläden entfaltet."

Raumhohe Glaswände schließen die durch das Dach geschützte Terrasse nahtlos an das räumliche Gefüge des Innenraums an.

In das Volumen eingeschrieben wird die Terrasse zu einem Außenraum, der den Innenraum komplementär ergänzt.

**Obergeschoss**
M 1:200

1 Arbeiten
2 Kochen / Essen
3 Wohnen
4 Terrasse

**Schnitt**
M 1:200

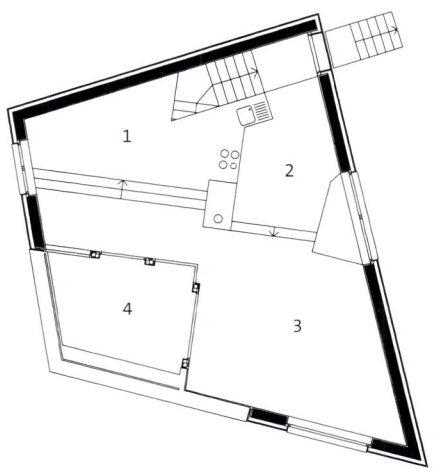
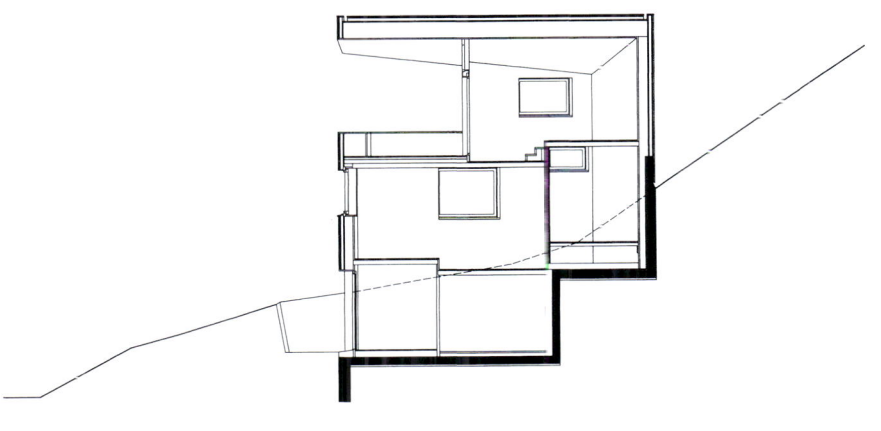

# Architektenverzeichnis und Bildnachweis

**Deutschland**

**A**

**Adler + Roth Architekten**
Riemannstraße 25
23701 Eutin
www.adler-roth.de
Seite 34
Fotos: Klaus Frahm,
Hamburg

**ADOBE Architekten +
Ingenieure GmbH**
Häßlerstraße 7
99096 Erfurt
www.agadobe.de
Seite 48
Fotos: Steffen Langer,
Matthias Schodlok
ADOBE Architekten +
Ingenieure GmbH

**agplus netzwerk
für architektur und
gestaltung**
Altlöbtau 8
01159 Dresden
www.agplus.de
www.kuehne-
architekten.de
Seite 60
Fotos: Sächsische
Presseagentur Seibt,
Dresden
Archiv Architekten

**B**

**architekten
bremer + bremer**
Formerstraße 47
35576 Wetzlar
Tel. 06441-32323
www.bremer-bremer.de
Seite 44
Fotos: architekten
bremer + bremer
Michaela Ketzer

**F**

**f64 architekten**
Füssener Straße 64
87437 Kempten
www.f64architekten.de
Seite 26, 70
Fotos innen:
Archiv f64 architekten
Fotos außen: Rainer
Retzlaff Photographie,
Kempten

**I**

**M. Arch. Jan H. Ipach
Cordsen Ipach + Döll
GmbH**
Große Elbstraße 58
22767 Hamburg
www.
cordsenipachdoll.de
Seite 18
Fotos: Oliver Heissner,
Hamburg

**K**

**K2-Architekten**
Hauptstraße 21
86947 Weil- Pestenacker
tom.kristen@gmx.net
Seite 66
Fotos: Rainer Viertlböck,
Gauting

**Keller + Wittig
Architekten GbR**
Hubertstraße 6–7
03044 Cottbus
www.keller-wittig.de
Seite 88
Fotos: Erik-Jan
Ouwerkerk, Berlin
Rosenberg

**M**

**Maucher + Höß
Architekten BDA**
Burghaldegasse 2
87435 Kempten
www.maucher-hoess-
architekten.de
Seite 78
Fotos: Hermann Rupp,
Kempten

**mse Architekten**
Am Bleichanger 33
87600 Kaufbeuren
www.mse-architekten.de
Seite 62
Fotos: mse Architekten

**R**

**Ruff.Weber.Architekten**
Obere Laube 73
78462 Konstanz
www.ruffweber.de
Seite 40, 84
Fotos: Archiv Architekten

**S**

**schaudt architekten bda**
Hafenstraße 10
78462 Konstanz
www.schaudt-
architekten.de
Seite 52, 92
Fotos: Günther Kobiela,
Stuttgart

**(se)arch
Freie Architekten**
Weißenburgstraße 32
70180 Stuttgart
www.se-arch.de
Seite 30
Fotos: Zooey Braun,
Stuttgart

**Stadtmüller.Burkhardt.
Architekten**
Prinzregentenstraße 7
87600 Kaufbeuren
Tel. 08341-96622-0
www.stadtmueller-
burkhardt.de
Seite 22
Fotos:
Stadtmüller.Burkardt.
Architekten

**SoHo Architektur**
Fuggerstraße 9
86150 Augsburg
www.soho-architektur.de
Seite 56
Fotos: Rainer Retzlaff
Photografie, Kempten

**T**

**terrain: loenhart&mayr
architekten und land-
schaftsarchitekten BDA**
Kazmairstraße 22 Rgb.
80339 München
www.terrain.de
Seite 74
Fotos: Archiv_terrain.de
Edward Beierle, München

**Österreich**

**A**

**aix architects**
Schlossergasse 1
A-6800 Feldkirch
www.aix.at
Seite 116
Fotos: Albrecht
Immanuel Schnabel,
A-Götzis
Ignacio Martinez

**G**

**gharakhanzadeh
sandbichler architekten**
Westbahnstraße 26/4
A-1070 Wien
www.gs-arch.at
Seite 98
Fotos: Rupert Steiner,
A-Wien

**Gohm & Hiessberger**
Montfortgasse 1
A-6800 Feldkirch
www.
gohmhiessberger.com
Seite 108
Fotos: Bruno Klomfar,
A-Wien

**K**

**Arch DI
Oskar Leo Kaufmann**
Steinebach 3
A-6850 Dornbirn
www.olk.cc
Seite 128
Fotos: Adolf Bereuter,
Lauterach

**k_m.architektur**
**Arch. DI Daniel Sauter**
Büro Bregenz:
Glockengieße 2
A-6900 Bregenz
Büro Lindau:
Hochbucherweg 58
D-88131 Lindau
www.
k-m-architektur.com
Seite 102, 134
Fotos: k_m.architektur

**P**
**PAUAT-Architekten**
Bernardingasse 14
A-4600 Wels
www.pau.at
Seite 120
Fotos: PAUAT-Architekten
Walter Luttenberger,
A-Gratkorn

**S**
**Schneider & Lengauer**
**Architekten**
Bindergasse 5a
A-4212 Neumarkt im
Mühlkreis
www.schneider-
lengauer.at
Seite 112
Fotos: Dietmar Tollerian,
A-Linz

**Six & Petritsch**
Schottenfeldgasse 76/25
A-1070 Wien
office1070@aon.at
Seite 124
Fotos: Wolfgang Thaler,
A-Wien

**Schweiz**

**A**
**Aeschlimann und Willen**
**Beratung, Planung und**
**Architektur GmbH**
Friedeggstraße 5
CH-3401 Burgdorf
www.
aeschlimann-willen.ch
Seite 138, 150
Fotos: Andreas Marbot,
CH-Burgdorf

**E**
**Erny & Schneider AG**
**Architekten BSA SIA**
St. Alban-Vorstadt 68a
CH-4052 Basel
www.ernyschneider.ch
Seite 146, 154
Fotos: Atelier Fontana,
CH-Basel

**O**
**oos ag**
**open operating system**
Schöneggstraße 5
CH-8004 Zürich
www.oos.com
Seite 158
Fotos: architekturbild,
CH-Zürich

**R**
**Beat Rothen**
**Dipl. Architekt ETH SIA**
**BSA**
Lagerplatz 13
CH-8400 Winterthur
www.rothen-architekt.ch
Seite 142
Fotos: Gaston Wicky,
CH-Zürich

Fotos Umschlag:
Titelbild unter
Verwendung der
Abbildung auf Seite 135
unten.
Rückseite unter
Verwendung der
Abbildungen auf den
Seiten 19 unten, 105
rechts oben, 151 unten.

# Internet-Informationsdienste

www.architektenkammer.de

www.architektensuche.de

www.bauen.de (Ratgeberzentrum für Baufamilien)

www.BauNetz.de/bauherr

www.baulinks.de (Das unabhängige Bauportal)

www.buw.at (Bauen & Wohnen Plattform)

www.heimwerker-webverzeichnis.de

www.infoholz.de

www.informationsdienst-holz.de (Informationsdienst Holz)

www.kompetenzzentrum-iemb.de

www.umweltlexikon-online.de (Rubrik Bauen & Wohnen)

## Informationen zu Förderprogrammen

www.bafa.de (Marktanreizprogramm Erneuerbare Energien)

www.baufoerderer.de

www.energiefoerderung.info

www.fnr-server.de (Das Dämmstoffprogramm)

www.kfw-foerderbank.de (Informationen zu allen Programmen der Kreditanstalt für Wiederaufbau auch unter der Hotline 01801-335577 bundesweit zum Ortstarif)

www.vzbv.de (Verbraucherzentrale Bundesverband)

# Herstellerverzeichnis

## Badprodukte

**Deutsche Steinzeug AG**
www.deutsche-steinzeug.de
**Duravit AG**
www.duravit.de
**Grohe Deutschland GmbH**
www.grohe.de
**HANSA Metallwerke AG**
www.hansa.de
**Ideal Standard GmbH**
www.idealstandard.de
**Kludi GmbH & Co. KG**
www.kludi.de

## Baustoffe

**Bundesverband der Gipsindustrie e.V.**
www.gips.de
**Danogips GmbH + Co. KG**
www.danogips.de
**Rigips GmbH**
www.rigips.de
**WERZALIT GmbH + Co. KG**
www.werzalit.de
**Xella Deutschland GmbH Xella Trockenbau-Systeme GmbH**
www.xella.de

## Dachbaustoffe

**Ampack Bautechnik GmbH**
www.ampack.de
**Erlus AG**
www.erlus.de
**RHEINZINK GmbH & Co. KG**
www.rheinzink.de
**Wienerberger Koramic Dachziegel**
www.koramic.de

## Dachfenster
**ROTO FRANK AG**
www.roto.de
**Velux Deutschland GmbH**
www.velux.de

## Dämmstoffe

**Deutsche Rockwool Mineralwoll GmbH & Co. OHG**
www.rockwool.de
**GUTEX Holzfaserplattenwerk**
www.gutex.de
**HOMATHERM GmbH & Co. KG**
www.homatherm.com
**JACKON Insulation GmbH**
www.jackon-insulation.com
**PAVATEX GmbH**
www.pavatex.de
**Woolin**
www.woolin.at

## Fassade und Sonnenschutz

**BUG-Alutechnik GmbH**
www.bug.de
**Hermann Gutmann Werke AG**
www.gutmann.de
**Hunter Douglas Architektur-Systeme GmbH**
www.hunterdouglas contract.com
**KeraTür GmbH & Co. KG**
www.keratuer.de
**Osmo Holz und Color GmbH & Co. KG**
www.osmo.com
**Roma Rolladensysteme GmbH**
www.roma.de
**Velux Deutschland GmbH**
www.velux.de
**WAREMA Renkhoff GmbH**
www.warema.de

## Fotovoltaik

**aleo solar AG**
www.aleo-solar.de

## RHEINZINK GmbH & Co. KG
www.rheinzink.de
**ROTO FRANK AG**
www.roto.de
**Scheuten Solar GmbH**
www.scheutensolar.de
**SCHOTT Solar GmbH**
www.schott.com
**Sharp Electronics GmbH**
www.sharp.de
**SOLARWATT AG**
www. solarwatt.de
**SolarWorld AG**
www.solarworld.de

## Heiztechnik

**ATTIKA FEUER AG Kaminöfen, Holz- und Gartenfeuerstellen**
www.attika.ch
**Buderus Deutschland BBT Thermotechnik GmbH**
www.buderus.de
**NIBE Systemtechnik GmbH**
www.nibe.de
**Wieland-Werke AG**
www.wieland-cuprotherm.de
**Zehnder GmbH**
www.zehnder-online.de
www.comfosystems.de

## Holzbausysteme

**ABA HOLZ van Kempen GmbH**
www.aba-holz.de
**Finnforest Merk GmbH**
www.finnforest.de
www.soleno-haus.de
**Huber & Sohn GmbH & Co. KG**
www.huber-sohn.de
**Kaufmann Holzbau GmbH**
www.kaufmann-holzbau.de
**Knapp GmbH**
www.knapp.verbinder.com

**STEICO AG**
www.steico.com
**Trus Joist**
www.trusjoist.com

## Holzschutz

**Brillux GmbH & Co. KG**
www.brillux.de
**Caparol Farben Lacke**
**Bautenschutz GmbH**
www.caparol.com
**Natural Naturfarben GmbH**
www.natural.at
**Osmo Holz und Color**
**GmbH & Co. KG**
www.osmo.com

## Holzwerkstoffe

**BINDER Holz GmbH**
www.binderholz.com
**EGGER Holzwerkstoffe**
**Wismar GmbH & Co. KG**
www.egger.com
www.baudas.com
**Glunz AG**
www.glunz.de
www.agepan.de
**Johann Pabst Holzindustrie**
www.pabst-holz.com
**Kronoply GmbH**
www.kronoply.de
**Ladenburger GmbH**
www.ladenburger.de

## Innenausbau

**BAWO Türelemente GmbH**
www.bawo-tueren.de
**Bembé Parkett**
**GmbH & Co. KG**
www.bembe.de
**DANA Türenindustrie**
www.dana.at
**MORALT Türen**
www.moralt.de

**WIRUS Türen**
www.wirus.de

## Solarthermische Kollektoren

**Junkers**
**BBT Thermotechnik GmbH**
www.junkers.com
**Consolar GmbH**
www.consolar.de
**Paradigma Deutschland**
**Energie- und Umwelt-**
**technik GmbH & Co. KG**
www.paradigma.de
**SOLVIS GmbH & Co. KG**
www.solvis.de
**Sunda Solartechnik GmbH**
www.sunda.de
**Viessmann Werke**
**GmbH & Co. KG**
www.viessmann.de

## Beschläge

**GEZE GmbH**
www.geze.com
**Ideal Standard GmbH**
www.jado.com
**ROTO FRANK AG**
www.roto.de
**TECNOLINE GmbH**
www.tecnoline.de

# Glossar zum Holzbau

> **Abbund:**

Als Abbund bezeichnet man die Vorbereitung der einzelnen Elemente einer Holzkonstruktion für das Fügen am Bauplatz. Werkseitige Bohrungen, Ausfräsungen und Schlitze ermöglichen eine rasche und passgenaue Montage am Bauplatz. Mittelständische Holzbauunternehmen verfügen heute über CNC-gesteuerte Abbundanlagen für den vollautomatischen Abbund großformatiger Elemente.

> **Anstriche:**

Im Bereich der Fassadenbekleidung dienen Anstriche dem Schutz vor Niederschlagsfeuchte und UV-Strahlung sowie der farbigen Gestaltung. Man unterscheidet pigmentierte Lasuren und deckende Anstriche. Ein Anstrichsystem besteht aus Grund-, gegebenenfalls Zwischen- und Deckanstrich. Bekleidungsbretter sollten vor der Montage gestrichen werden.

> **Außenwandbekleidung:**

Die bewitterte, äußere Schicht einer hinterlüfteten Fassadenkonstruktion wird als Bekleidung bezeichnet. In der Regel bilden Trag- und Konterlattung die Unterkonstruktion für Bekleidungselemente wie Schindeln, Latten, Leisten, Bretter, Platten oder Tafeln. Sie werden mechanisch mit der Traglattung verbunden.

> **Balloon Frame:**

Balloon Frame ist eine Holzbauweise, die ursprünglich von Augustine Taylor (1796–1891) in Chicago entwickelt wurde. Sie gilt als Vorläufer aller Holzrahmenbauten. Ihre Verbreitung und Wirtschaftlichkeit basiert auf der Verwendung genormter Holzquerschnitte. Der Begriff selbst ist eine Spottbezeichnung, die Zimmerleute 1833 der ihnen äußerst fragil erscheinenden Konstruktion, die sie an einen Ballon erinnerte, gegeben haben.

> **Bauelement:**

Das Element ist das kleinste Teil eines Systems und bezeichnet im bautechnischen Sinn ein vorgefertigtes Produkt, das nochmals bearbeitet werden muss, bevor es zum Modul oder Bauteil gefügt wird.

> **Bausystem:**

Ein System bezeichnet allgemein ein aus mehreren Teilen zusammengesetztes und gegliedertes Ganzes. Im Baubereich unterscheidet man zwischen geschlossenen und offenen bzw. bauteilbezogenen Systemen.

> **Bauweise:**

Die Art und Weise der Ausbildung einer Konstruktion bezeichnet der Begriff „Bauweise". Im Holzbau unterscheidet man die Block- sowie die Fachwerkbauweise als traditionelle, von handwerklichen Regeln geprägte Bauweisen mit geringem Vorfertigungsgrad. Aktuelle Holzbauweisen wie die Holzrahmen- und die Skelettbauweise betreffen jeweils eine bestimmte Konstruktion, deren geometrische Ordnung bei der Herstellung und Fertigung auf die Standardisierung der Bauteile abzielt.

> **Boden-Deckel-Schalung:**

Bei dieser zweilagigen, vertikalen Schalung bilden Boden- und Deckelbretter eine Wasser führende Ebene mit verdeckten Stößen. Sonderformen dieser Bauart sind die Boden-Leisten- oder Leisten-Deckel-Schalung, bei denen Deckel oder Boden von einer Leiste gebildet werden.

> **Faserzementplatte:**

Dach- und Fassadenplatten aus Faserzement werden aus mineralischen und synthetischen Fasern, Zement und Wasser hergestellt. Die Platten sind nicht brennbar und beständig gegen Bakterien, Pilze und Insekten. Die Produktpalette reicht von der Fassadenschindel über die Wellplatte bis hin zu großformatigen Fassadenplatten.

> **Heizwärmebedarf:**

Damit ist die Wärmemenge gemeint, die vom Heizsystem eines Gebäudes produziert werden muss, um die nach der Energieeinsparverordnung EnEV festgelegte Mindestraumtemperatur von 19 Grad Celsius aufrechtzuerhalten. Die Größe des Heizwärmebedarfs wird durch Bilanzierung von Wärmeverlusten und -gewinnen ermittelt und gibt in der Maßeinheit $kWh/m_a$ (Kilowattstunden pro Quadratmeter und Jahr) die wärmeschutztechnische Qualität der Gebäudehülle wider.

> **Hinterlüftung:**

Der Luftspalt hinter der Bekleidung dient der Luftzirkulation in der Ebene von Trag- und Konterlattung. Für einen vertikalen Luftstrom werden Zuluftöffnungen am Fußpunkt der Fassade und Abluftöffnungen an Traufe oder Giebel benötigt.

> **Holzwerkstoffplatten:**

Als großformatige Fassadenbekleidung eignen sich Bau-Furniersperrholzplatten (BFU), Dreischichtplatten aus Nadelholz (FSH) oder zementgebundene Flachpressplatten (ZSP). Die Bewitterungsfähigkeit hängt von der Verleimklasse und der Verwendung resistenter Holzarten wie Lärche oder Kiefer in den Decklagen ab. Mit resistenter Verleimung und einem entsprechenden Oberflächenschutz können auch Spanstreifenholzplatten (OSB) im Außenbereich eingesetzt werden.

### > Konstruktiver Holzschutz:
Je weniger Holz der Feuchtigkeit aus Niederschlags- und Tauwasser ausgesetzt ist, umso besser ist der konstruktive Holzschutz eines Gebäudes ausgebildet und verhindert Pilzbefall. Historische Vorbilder zeigen, dass ein möglichst großer Dachüberstand der beste konstruktive Holzschutz ist und vorbeugenden chemischen Holzschutz entbehrlich macht.

### > Modul:
„Modulus" bezeichnet im Lateinischen eine aus mehreren Elementen zusammengesetzte Einheit innerhalb eines Systems. Ein Modul kann gegebenenfalls problemlos ausgetauscht werden.

### > Offene Schalung:
Von einer offenen Schalung spricht man, wenn die Schalungsbretter durch offene Fugen unterbrochen sind. In diesem Fall liegt die Wasser führende Ebene im Bereich der Hinterlüftung.

### > OSB-Platte:
OSB ist die Abkürzung (englisch) für: Oriented Strand Board (Platte aus ausgerichteten Spänen). OSB-Platten sind Mehrschichtplatten, die aus langen, schlanken Spänen mit vorbestimmter Form und Dicke hergestellt werden. Die Biegefestigkeit ist dadurch größer als bei normalen Flachpressplatten (Spanplatte). Verleimung und Spänestruktur verleihen der OSB-Platte ihr charakteristisches Aussehen.

### > Paneel:
Niederländisch für „Tafel" steht der Begriff für eine Holztafel, die als Füllelement in ein Rahmenwerk eingesetzt wird. Im heutigen Sprachgebrauch ist damit allgemein ein flächiges Bauelement gemeint, das nicht allein auf Holz- und Holzwerkstofftafeln beschränkt ist, sondern zum Beispiel auch ein Solarmodul als „Solarpaneel" mit einschließt.

### > Profilbrettschalung:
Profilierte Bretter mit Nut-und-Feder-Verbindung können sowohl horizontal als auch vertikal angeordnet werden.

Spezielle Befestigungsmittel wie Klammern oder Krallen ermöglichen eine verdeckte Befestigung der Schalung.

### > Raster:
Die geometrische Ordnung einer Konstruktion beruht in der Regel auf sich wiederholende Maße. Ein Achsraster bezieht sich dabei immer auf den Mittelpunkt eines Bauelements, während das Bandraster das lichte Maß zwischen zwei Bauelementen beschreibt. Bei der Holzrahmenbauweise hängt das Rastermaß von den Plattenabmessungen der Beplankung ab. Übliche Rastermaße sind 62,5, 81,5 Zentimeter oder 1,25 Meter.

### > Reine Baukosten:
Bei den unter den Gebäudedaten aufgeführten Baukosten handelt es sich um die sogenannten „reinen Baukosten", also den für die Erstellung des Gebäudes anfallenden Kosten einschließlich der Mehrwertsteuer. Nicht enthalten sind demnach Honorare, Nebenkosten und Kosten für Außenanlagen.

### > Schalungen:
Schalungen im Bereich der Außenwand bestehen in der Regel aus Brettern, die horizontal oder vertikal mit der Traglattung verbunden werden. Als Wasser führende Ebene benötigen die Schalbretter eine besondere Fugenausbildung. Im Einzelnen unterscheidet man Stülpschalungen mit einer Überdeckung der Bretter um mindestens 12% der Deckbreite, Nut-und-Feder-Schalungen, stumpf gestoßene Brettschalungen sowie Schalungen mit offener Fuge und dahinter liegender Dichtungsebene.

### > Trespa-Platte:
Als holzfaserverstärkte Platten werden Trespa-Platten mit Hilfe thermohärtender Harze unter hohem Druck und hoher Temperatur verpresst. Die großformatigen ebenen Platten sind geeignet für die Innen- sowie Außenanwendung. Aufgrund ihrer geschlossenen porenfreien Struktur sind sie leicht zu reinigen und zeichnen sich durch eine besonders gute Witterungsbeständigkeit aus.

# Impressum

© 2007 Verlag Georg D.W. Callwey GmbH & Co. KG
Streitfeldstraße 35
81673 München
www.callwey.de
E-Mail: buch@callwey.de

Die Deutsche Bibliothek verzeichnet diese Publikation in der Deutschen Nationalbibliografie; detaillierte bibliografische Daten sind im Internet über <http://dnb.ddb.de> abrufbar.

ISBN: 978-3-7667-1698-9

Lektorat:
Dipl.-Ing. Annette Galinski, Ludwigsburg
Zeichnungen:
Dipl.-Ing. Sabine Grimm
Gestaltung und Satz:
Griesbeckdesign, München
Druck und Bindung:
Freiburger Graphische Betriebe, Freiburg

Printed in Germany 2007